JN074297

自由に
はたらく

副業
アイデア
事典

中野 貴利人

ⓒ2021 Kirito Nakano
本書の内容は著作権法による保護を受けています。
著作権者、出版権者の文書による許諾を得ずに、本書の内容の一部、あるいは全部を無断で複写・複製・転載
することは禁じられております。

まえがき

「あなたは副業をしてみたいと思ったことはありませんか？」

　私は新卒1年目から副業をしてきました。その理由は「お金が足りない」ストレスから開放されたかったからです。給与から奨学金の返済をして、実家に仕送りすると、節約しても貯金ができない日々が続きます。当時は残業代と賞与、クレジットカードのリボ払いが命綱でした。

　会社ではシステムエンジニアとして、ホテル・旅館の検索システムの開発と運用をしていました。ただ、私が本当にやりたい仕事はウェブサービス全般です。それにはプログラミングに加えて、マーケティング、デザイン、ライティングという3つのスキルが必要でした。

　しかし、本業の会社では当たり前ですが、プログラミングしか習得できません。そこで自己成長を加速させるため、副業で記事制作やウェブ素材を受注したり、自らウェブサービスやウェブメディアを起ち上げて、広告収入を得たりしました。

　通信教育でお金を支払ってマーケティング、デザイン、ライティングの勉強をするのではなく、副業でお金をいただいて現場叩き上げでスキルを習得していったわけです。その結果、徐々に本業の給与に副業の収入が追いついて、「1人ダブルインカム」が実現します。

　私は副業に慣れると、朝の9時に青山で副業のお客さまと待ち合わせして、10時から通勤途中にメールやニュースをチェック、10時30分から天王洲アイルで本業の会社に勤め、21時には仙川の自宅で副業をこなしていました。

　その働き方をブログやSNSで公開していると、テレビ、新聞、雑誌から取材が入るようになります。そこで私は「副業とはデザートのようなものです」と答えてきました。本業に物足りない部分を副業で補うという位置づけです。

　しかし、今は時代が移り変わり、副業も進化しています。現在は「副業

とは働き方の多様性です」と答えるようにしています。

　本業に副業を添えるのではなく、例えば「2つ、3つの本業を持つマルチキャリア」「転職目的で副業先の企業で働く社会人インターン」「仲間全員が副業でビジネスを進めるスモール起業」「収入より公共的な目的のために副業をするプロボノ」など、副業を軸にした働き方が広がっているからです。

　政府もモデル就業規則を改定して副業を解禁したり、副業の労働時間の管理が企業の義務ではなくなるなど、副業を後押しするようになりました。もちろん、その背景には超高齢化社会で財政が厳しく、国民になるべく長く働いてほしいという意図があるわけですが、上がらない給料、上がる税率、伸びる平均寿命によって、今の日本社会に副業が適していることは間違いありません。

　さらに企業の副業案件を紹介する副業仲介サービスも続々と登場しています。クリエイティブな職種はもとより、事務、営業、マーケティングのように、今の本業で使っているスキルを、そのまま別の企業に応用できるような案件が多々あります。

　そこにコロナ禍がやって来ました。賃金カットや雇い止めで給与に不安を覚える人が増えたと同時に、リモートワークで時間と体力に余裕ができた人も増えました。

　このように副業する法律が整い、副業しやすいサービスが増え、副業する動機と時間があれば、あとは前に進むしかありません。本書がそのきっかけになれば幸いです。

2021年6月　中野貴利人

contents

おすすめの副業マッチング
サービスや利用できる
販売サービスがわかるね。

Chapter 2

カテゴリ別 副業の職種100 　037

コードを書く副業

教える副業

Q 本書の見方

Chapter 1

Chapter 1では、副業の仕事を探したり、顧客とのマッチングができる各種サービスと、副業に役立つ資格について、Chapter 2のカテゴリごとにまとめて紹介しています。

Chapter 2

① 9つのカテゴリに分けて100種の職種を紹介しています。

② 「稼ぎやすさ」はより高い報酬が得られやすいか、「働きやすさ」は働く時間の自由度は高いか、「難度の低さ」は高いスキルがなくてもはじめやすいか、「人気の高さ」は職業として人気が高いかを、それぞれ5段階で表しています。

③ 「報酬の目安」は1つの案件や1個の販売で得られる報酬の目安です。「月収の目安」は1か月間続けたときの合計報酬の目安です。1つの案件が長期間になる副業では「報酬の目安」よりも安価になることもあります。「労働時間の目安」は1つの案件が成立する時間の目安です。「働く時間帯」は1日のうちその副業を行うことが可能な時間帯を表記しています。

④ 副業の案件の単価や、その副業のはじめ方などを解説しています。

⑤ その副業に必要なスキルや成功させるコツをまとめています。その職業の良い点と残念な点についてのコメントもしています。

⑥ その職業にどんな展開が可能なのか、どうすれば継続できるかなど、著者からのアドバイスを紹介しています。

1

副業をはじめるには

副業を成功させる3ステップ

目標設定とマネープランで副業は楽しくなる

ステップ1　副業の目的を決める

　本業の給与に不満がなく、やりがいもあり、今後も続けていきたいなら、わざわざ副業をする必要はありません。本業に専念したほうがパフォーマンスは高いです。

　しかし、本業のみでは何かが欠けている。収入、業務量、キャリア、人脈、将来性、達成感、社会貢献、楽しさ‥‥。それらを本業で埋めることができず、転職するほどでもないなら、副業という選択肢が見えてきます。

　副業とは恒常的にワークライフバランスを改善し、将来達成したいことを実現するための手段です。そこで副業をはじめる前には、「目的」を明確にしておきましょう。

副業をする3つの目的

　副業の目的を大まかに分けると「収入」「経験」「喜び」の3つがあり、それぞれが交わることで「実績」「成長」「満足」が得られます。さらにすべてを満たすことができると「理想」の仕事となります。

例えば、アパレル商社に勤める30代男性は精神的につらい状態にありました。しかし、休日に店舗を間借りしてカレー店を営業する副業をはじめたところ、多国籍の人たちと出会って世界が広がり、心の充足を得られるようになったことで、本業までもうまくいくようになりました。

飲食店経営のような本格的なものではなく、たとえ週1日で月1万円〜2万円稼げる副業であっても、「収入」を補完し、副業という別の居場所で「喜び」を経験した結果、メンタルが安定する人は多数います。

人材育成の会社に勤務しながら、育児の疲れで心と体がボロボロになった30代女性は、ヨガで体調が回復しました。次第に自分も「ヨガを広めたい」という思いが強まり、ヨガインストラクターの資格を取得します。ただ、インストラクターを本業にすることはなく、副業として「経験」を積み、スタジオレッスンだけでなくオンライン動画講座も手掛けて「収入」を増やしました。さらに、ヨガは自分が好きなことであり、まったくストレスにならないと話すように「喜び」も得ています。彼女は副業から「理想」の仕事に就くことに成功しました。

本業では「収入」「経験」「喜び」が満たされず、副業1本では生活できないかもしれません。そこで本業と副業で相互補完して「理想」のワークスタイルに近づくほど、副業の存在価値が高まり、自然と副業を続けたくなるわけです。あなたが副業をはじめるときは、その副業で何を達成したいか目的を決めましょう。

🧰 ステップ2　長期的なマネープランを描く

自動車会社の下請け工場にて、朝8時から夜10時過ぎまで働く激務の日々だった30代男性は、生き物が好きだったことから、副業でメダカの繁殖ビジネスを開始しました。交配したメダカは雄雌ペアで5万円の値がつくなど順調に売れていき、本業の給与と同程度になった2年後に独立を決意しました。今では月収100万円以上となり、多肉植物やミジンコの販売も手がける繁殖ビジネスのプロとして活躍しています。

彼が副業を続けられた理由は、生き物が好きだからでしょうか。確かにそれもあるかもしれません。ただ、本質的には「収入が増えた」ことが理由です。

副業をしている人の多くも、収入補填を副業の目的にしています。労働政策研究・研修機構が2018年11月に発表した「多様な働き方の進展と人材マネジメントの在り方に関する調査」によると、副業している理由の第1位は「収入を増やしたい」であり、複数回答ながらも85.1％を占めました。

副業・兼業を望む理由

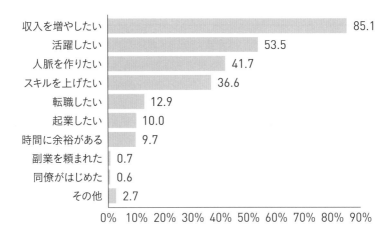

※：労働政策研究・研修機構、「多様な働き方の進展と人材マネジメントの在り方に関する調査」（2018年）より。

　自由に使えるお金が毎月3万円増えると、プライベートで融通が利くようになります。家賃が高い部屋に引っ越したり、服や靴も買えますし、月1回の家族でのディズニーランド、月2回のゴルフ、月3回の高級焼肉店や寿司店など、身近なやりたいことが実現できるでしょう。

　ただし、このような短期的な欲のみでは、副業の動機づけとしては弱いです。本業で忙しい中、副業で自由時間が削られて、疲れやストレスが増えると、自然と欲が静まって、副業を続けるモチベーションがなくなります。筆者はそのような人を何人も見てきました。

　そこで副業をはじめるならマネープランの策定がおすすめです。マネープランとは、人生100年時代において、自分が長期的に実現したいことをリストアップし、それが将来の家計で実現可能かをシミュレーションすることです。

筆者が副業をはじめたころに実現したいことは、短期では「毎月の収支を黒字化する」、中期では「奨学金を5年以内に完済する」、長期では「住宅ローンは10年で返す」「海外旅行で2000万円を使う」「老後資金を3000万円貯める」などでした。

それに対してファイナンシャルプランナーに生涯収入と生涯支出を算出してもらったところ、7000万円も足りないことがわかりました。

仮に「生涯収入-生涯支出=プラス」という結果であれば、副業はしなくても大丈夫です。しかし、大抵の人は筆者と同じように「生涯収入-生涯支出=マイナス」となるでしょう。しかも、生涯収入は安定せず、生涯支出は病気や介護で簡単に増えます。今は贅沢や散財ができても、老後は破綻するかもしれません。

だからこそ、第2の収入源である副業が頼りになります。将来に悲観しながら「自分の給与明細に落胆する」「無理に支出を切り詰める」「実現したいことを諦める」必要はありません。長期的なマネープランを知ることで、長期的に副業を続けようとする意志が働くわけです。

実際に筆者も副業をはじめて毎月の収支は黒字化し、貯金ができるようになりました。20代で奨学金を完済し、長期目標のために今も副業を続けています。

ステップ3　副業の負の部分を認識する

日常の空いた時間に副業をするなら、リスクはほぼありません。むしろ、収入が増えながら、プライベートにおける消費や浪費をする時間が減るため、2倍の節約効果が期待できます。しかも、副業で仕事の経験値が増えるので、自己の成長スピードも早いです。本業があるがゆえに挑戦や失敗を繰り返すこともできます。

しかし、光あれば影もあるように、副業にも負の部分があります。トラブル発生時も想定内の方法で対処できるように知識を増やしておきましょう。副業で成功するためにはできるだけ負担を避けることです。

まずは「長時間労働による健康管理」「副業中の事故による労災保険」「無知による不正行為や法律違反」には注意が必要でしょう。ただ、これらは人生の

針路が変更されるほどの懸念事項ではなく、副業の留意点になります。

　副業の大きなデメリットはただ1つだけです。それは副業のせいで「本業に悪影響を及ぼす」ことです。副業を転職や起業のきっかけにしたり、パラレルキャリアの道にすることもありますが、基本的には副業は本業ありきです。副業のせいで本業に迷惑をかけて、上司や会社からの評価が下がってしまうと、元も子もありません。

　特に「信用確保」「秘密保持」「職務専念」は重要です。信用確保とは「副業で本業の社名や名刺を使わず、社名を失墜させる行為をしない」こと、秘密保持とは「本業の社内情報や個人情報、取引先を流用しない」こと、職務専念とは「本業の時間に副業の仕事をしたり、副業による極端な疲労を本業に持ち越さない」ことです。

　ただ、これらは当たり前のことであり、法令遵守さえすれば、企業も厳しく問いません。なぜなら副業は企業にとってもメリットがあるからです。例えば「研修費をかけずに社員の個性や才能が伸びる」「イノベーションの創出や起業家マインドの育成」「柔軟な働き方による社員の労働意欲と総所得の増加」などが挙げられます。

　確かに副業する行為そのものは自己責任であり、本業の会社に損害を与えたことで懲戒処分となった人もいます。しかし、本業にさえ迷惑をかけなければ、副業は働く行為に過ぎませんので、基本的にはローリスク・ミドルリターンが期待できる仕組みです。

副業仲介サービス

数多くのクライアントが案件を掲載している

ネットの各種サービスで仕事を探す環境が整っている

　現場の人材不足を解決したい企業と、副業でスキマ時間を活用したい個人をつなぐのが副業仲介サービスです。クライアントである企業は労務リスクや情報セキュリティの観点から、副業人材の活用に消極的でしたが、現在は法整備も進み、スポットで外部人材に仕事を委託する流れができています。

　募集中の案件はクリエイティブな職種にとどまりません。資料作成や事務などの会社員向け、掃除や料理などの家庭向け、さらに地方創生や主婦専用といった多様化が進んでいます。いずれにしても副業仲介サービスを利用するメリットは案件数の多さであり、初心者向けの低単価案件から大企業による高単価案件までが揃っています。

　副業仲介サービスのデメリットは売上に対して3％～50％の手数料がかかることです。しかし、通常では出会えないクライアントの案件にアプローチできますし、業務効率が上がるチャット機能やタスク管理ツールも使えます。依頼主が発注する際に副業仲介サービスが代金を預かるため、売掛金の未回収リスクもありません。そのため、手数料に見合った副業仲介サービスを利用することは、副業を続けるコツの1つです。

　ここではChapter2で紹介する副業のカテゴリ別に、おすすめの副業仲介サービスを紹介していきます。副業仲介サービスとしては、上場しているクラウドワークス、ランサーズ、ココナラが業界トップクラスの売上高と会員数を誇ります。副業仲介サービスの選定に迷ったら、最初にこの3社に登録することで、副業の需要や相場観がわかるでしょう。

　また、副業によってはAmazonなどのネット販売サービスや、メルカリなどのフリーマーケットサービスといった、日常で誰もが使っている販売系のサービスも利用することになります。

こういったインターネットの各種サービスが利用できるようになったことで、副業はスマホやパソコンからはじめられるものになっています。

📋 書く副業

記事作成の案件は、クラウドワークスやランサーズといった大手のクラウドソーシングサービス、もしくはライティング専門のクラウドソーシングサービスに会員登録することで見つかります。校正、校閲、編集、添削、リライトの案件も同様です。

一方、レビュー投稿やアンケートモニターの副業では、アンケート会社やポイントサイトを利用する人もいます。

「書く副業」で利用できる主なサービス

サービス名	特徴
クラウドワークス https://crowdworks.jp/	記事作成のみではなく、レビューや口コミのような軽い案件から、脚本や小説といった創造性が必要な案件も扱う。
ランサーズ https://www.lancers.jp/	記事作成からレビュー記事まで常時1000件近くの案件が見つかる。校正や編集の案件も豊富。
クラウディア https://www.craudia.com/	自社が依頼主となって記事作成を発注する場合もあり。手数料は業界最低水準の3％から。会員数100万人以上。
サグーワークス https://works.sagooo.com/	記事作成に特化。簡単なテキスト作成によるお小遣い稼ぎから、プロレベルの高単価案件までを扱う。
Shinobiライティング https://crowd.biz-samurai.com/	ライティング案件専門のクラウドソーシングサービス。会員数50万人以上。
SAGOJO https://www.sagojo.link/	旅人として旅先、観光地、施設などのレビューや情報収集をする。
マクロミル https://monitor.macromill.com/	ネットリサーチ会社の国内大手であり、アンケートモニターや座談会の案件が豊富。2000年創業。

📋 描く副業

デザインやイラスト作成の副業では、ココナラのようなスキル売買型の副業仲介サービスがおすすめです。個人が先に「ロゴデザイン1万円」「ポスター制作3万円」「似顔絵作成5000円」などを出品し、依頼主がそれを購入してから納品物の制作に取り掛かります。

また、イラストレーターとして登録できる副業仲介サービスは世界中にあり、国内外で活躍できます。

「描く副業」で利用できる主なサービス

サービス名	特徴
ココナラ https://coconala.com/	多数のクリエイターがバナー制作や漫画制作といった保有スキルを登録。販売実績が1000件以上の人もいる。
99designs https://99designs.jp/	グラフィックデザイン専門で世界192カ国に展開。コンペに強く、世界中のデザイナーと競える。2008年設立。
SKIMA https://skima.jp/	イラストをクリエイターに有料で依頼するオーダーメイドマーケット。
Skillots https://www.skillots.com/	イラストやデザインに強い。2006年開始。
アートメーター https://www.art-meter.com/	画家が絵画やアート作品を測り売りして販売できるオンラインショップ。

 作る副業

ハンドメイド販売やアクセサリー販売では、Creemaとminneといった売買が活発なハンドメイドマーケットに出品しましょう。写真販売も同じく、PIXTAやSnapmartといったストックフォトサービスで売ります。

一方、動画制作ではクラウドワークスやココナラなどの大手の副業仲介サービスに分があります。

「作る副業」で利用できる主なサービス

サービス名	特徴
Creema https://www.creema.jp/	ハンドメイドやクラフト作品の販売サービス。スマホアプリは1000万ダウンロード以上。
minne https://minne.com/	家具、服、アクセサリーなどが売買できる国内最大級のハンドメイドマーケット。2012年サービス開始。
narikiri https://narikiri.me/	漫画、アニメ、ゲームに登場するアイテムが欲しい人と、それを制作できる人をマッチングするサービス。
Panda Graphics https://panda-graphics.net/	2Dアニメーターや3DCGモデラー、モーションデザイナーとして作品を登録することで、案件を請け負える。
fotowa https://fotowa.com/	フォトグラファーと、誕生日や七五三などを撮影してほしい家族をつなぐマッチングサービス。

PIXTA https://pixta.jp/	写真販売サービスの大手。販売実績が増えると報酬率も上がる。動画販売も可。
Snapmart https://snapmart.jp/	撮影した写真を販売できるストックフォトサービス。スマホで撮ってアプリから出品することもできる。
クラウドワークス https://crowdworks.jp/	YouTube動画作成、アニメーション制作、AR/VRコンテンツ制作など、ジャンル別に動画制作を探せる。
ココナラ https://coconala.com/	商品やサービスのPR動画の制作から、結婚式のプロフィールムービーまで。1件数万円で案件を受注できる。
VIDEO WORKS https://videoworks.com/	依頼者がプロの動画クリエイターに直依頼できる動画制作サービス。

コードを書く副業

　　プログラミングの単発案件は、発注者と受注者をウェブ上でマッチングするクラウドソーシング型の副業仲介サービスで見つかります。

　　一方、フルリモートで週1回8時間勤務や月20時間稼働といった雇用を望むなら、企業と副業人材の間をエージェントが介する副業エージェント型の副業仲介サービスが主流です。

「コードを書く副業」で利用できる主なサービス

サービス名	特徴
Offers https://offers.jp/	ワンタップでTwitterやGitHubと連携でき、あとは企業からのオファーを待つだけ。エンジニアの副業に強い。
クラウドワークス https://crowdworks.jp/	プログラミングやシステム開発のカテゴリのみで20種類以上あり。高単価の案件も数多く登録。
シューマツワーカー https://shuuumatu-worker.jp/	エンジニアに強く、案件の99％以上がリモート。コンシェルジュが継続的に副業の成功をサポートする。
JOBHUB https://jobhub.jp/	ウェブ制作やシステム開発の案件を扱う。東証一部上場のパソナグループの子会社が運営。
SOKUDAN https://sokudan.work/	リモート案件が90％以上。上場企業からスタートアップまで優良企業を多数掲載。最短即日で働ける。
Bizlink https://bizlink.io/	高度な専門性を要するシステム開発やマーケティング、コンサルティングの案件を仲介。
Workship https://goworkship.com/	エンジニア、デザイナー、マーケターなどのリモート案件が豊富。週1日〜3日や土日などの働き方が選べる。

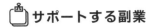# サポートする副業

データ入力やデータ収集といったスキル不要の案件は、シュフティが強いです。簡単なタスクであれば、大手のランサーズやクラウドワークスでも扱っており、さらに会社員の本業に近い事務、経理、秘書、広報、人事まで、業務の幅が広がります。

また、掃除や家事のように何かを代行するサービスでは、ミツモアのようなプラットフォームに登録することで、案件が見つかりやすいです。

「サポートする副業」で利用できる主なサービス

サービス名	特徴
シュフティ https://app.shufti.jp/	事務作業に特化。簡単なデータ入力やデータ収集といったスキル不要な案件が揃っている。
Yahoo!クラウドソーシング https://crowdsourcing.yahoo.co.jp/	空いた時間にスマホでできるタスクがメイン。専門知識がいらないデータ入力やアンケートで謝礼がもらえる。
Bizseek https://www.bizseek.jp/	ライティングやデザインのみではなく、データ入力やデータ収集、テープ起こしなどの案件もあり。
ランサーズ https://www.lancers.jp/	国内最大級クラウドソーシング会社として、事務、経理、秘書、広報の案件が豊富。2008年創業、2019年上場。
クラウドワークス https://crowdworks.jp/	事務や経理、テレアポ代行、人事などの幅広い案件が揃う。2011年創業、2014年上場。
コーナー https://www.corner-inc.co.jp/	人事に特化。コンサルタントとの面談を通して、個人のスキルに見合った案件を紹介してくれる。
Saleshub https://saleshub.jp/	見込み客を紹介し、商談アポをセッティングすることで報酬を得られる。
kakutoku https://kakutoku.jp/	国内最大級の営業支援プラットフォーム。営業専門の副業人材やフリーランスが多数登録。
タイムチケット https://www.timeticket.jp/	知識、スキル、経験をシェアするマーケット。30分単位で個人の空き時間を売買できる。
ANYTIMES https://www.any-times.com/	日常の用事を依頼したい人と仕事をしたい人をつなげるアプリ。家具の組み立てからペットの預かりまで。
ミツモア https://meetsmore.com/	掃除や引っ越しから、税理にアプリ開発まで、プロと顧客を見積りでつなぐサービス。非常に使いやすい。
ゼヒトモ https://www.zehitomo.com/	カメラマンやパーソナルトレーナーなど、その道のプロとして登録し、仕事を受注できる。

タスカジ https://taskaji.jp/	掃除全般、作り置き料理、チャイルドケアまでが依頼できるマッチングサービス。
RMT.club https://rmt.club/	面倒なリセマラやレベル上げをしたくないゲーマーと、ゲームプレイを代行するゲーマーをつなぐサービス。
キズナシッター https://kidsna-sitter.com/	保育士、幼稚園教諭、看護師といった有資格者のみが登録できるベビーシッターのマッチングサービス。
週末モデル https://weekend-model.com/	個人でモデル活動をする人と企業をマッチングする。商品を身につけて自分で撮影するフルリモート案件もある。
akippa https://www.akippa.com/	駐車場を貸したい人と借りたい人をマッチングする駐車場シェアサービス。
Anyca https://anyca.net/	自動車を貸したい人と借りたい人をマッチングするCtoCのカーシェアサービス。

🧰 企画推進する副業

マーケターやアナリストの副業のように週1回企業で働いたり、数週間や数か月間のプロジェクトに参画するワークスタイルなら、副業エージェント型の副業仲介サービスに登録しましょう。エージェントは常に企業への営業活動をしているため、大手企業や有名企業の案件をタイムリーに提供してくれますし、報酬額や労働条件が見合わない地雷案件に当たる可能性も低いです。

「企画推進する副業」で利用できる主なサービス

サービス名	特徴
KAIKOKU https://kaikoku.blam.co.jp/	マーケティングやクリエイティブに強い。自分に見合った報酬を計算し、条件に合う案件を届けてくれる。
CARRY ME https://carryme.jp/	企業の中核を担う案件を業務委託契約で紹介。キャリアアドバイザーが面接や交渉をサポートしてくれる。
CrowdLinks https://start.crowdlinks.jp/	マーケティングやコンサルなどの幅広い職種のハイクラス人材を仲介する。
スキイキ https://suki-iki.mynavi.jp/	スキルで生きる人のために、週1回勤務や完全リモートなどの仕事を紹介している。マイナビ運営。
Skill Shift https://www.skill-shift.com/	地方の中小企業と都市部の正社員をつなぐ、地方貢献型の副業プラットフォーム。PR施策やBtoBマーケなど。
NIKKEI SEEKS https://seeks.nikkei.com/	DXのエキスパートとDX課題を抱える企業をマッチングするサービス。日本経済新聞社運営。
BIZ-directors https://biz-directors.jp/	ウェブマーケターやグロースハッカーのハイクラス人材向き。週1回や月2回〜3回のリモート案件がメイン。

BitWork Career https://www.bitwork.link/career/	登録情報をもとにコンシェルジュが仕事を提案してくれる。企業と直接面談し、条件が合えば契約成立となる。
複業クラウド https://aw-anotherworks.com/	経営企画からウェブマーケターまで、あらゆる職種の求人にエントリーできる。成功報酬や正社員登用もあり。
YOUTRUST https://lp.youtrust.jp/	友人のつながりで副業や転職のオファーが来る。スタートアップの共同創業者やCxOなどの募集もあり。
YOSOMON! https://yosomon.jp/	地方企業の課題解決に参画できるプロジェクトを紹介している。地方創生に貢献したい人に人気。
lotsful https://lotsful.jp/	専任のプランナーがベンチャー企業とマッチングしてくれるサービス。パーソルイノベーション運営。
Warisプロフェッショナル https://waris.jp/index.html	マーケティング領域の案件がメイン。広報や採用などもあり、女性の副業人材をマッチングする。

教える副業

　教える副業では、教えたい人と学びたい人をつなぐマッチングサービスで開講します。講師業やインストラクターはストアカ、オンライン家庭教師はTeachers Market、カウンセラーや占い師はココナラ、ビジネスコンサルはビザスクなどと、職種によって副業仲介サービスを使い分けましょう。講座内容や価格設定も自由であり、受講者とのやり取りはチャット、ウェブ会議、電話に対応しているため、在宅で好きな時間にオンラインで完結できます。

　また、オンラインサロンの副業では、DMMオンラインサロンなどのプラットフォームを利用することで、会員管理や月額課金ができるようになります。

「教える副業」で利用できる主なサービス

サービス名	特徴
ストアカ https://www.street-academy.com/	英会話講師からインストラクターまで。講師は顔写真必須、講座は事前承認制でサービスの品質が高い。
カフェトーク https://cafetalk.com/	語学や音楽、家庭教師など、世界中の人にオンラインレッスンができる。
Teachers Market https://teachers-market.com/	全国の有名大学の家庭教師と、マンツーマンのオンライン授業を受けたい生徒をつなぐ。
ココナラ https://coconala.com/	悩み事を相談できるカウンセラーや、スピリチュアルやタロット占いができる占い師と、相談者とをマッチング。

タイムチケット https://www.timeticket.jp/	スタイリスト、コンサル、インストラクター、占い師など、スキルを持つ人の時間を売買できる。
Fashion Attendant https://fashion-attendant.com/	スタイリストがファッションを一緒に探してくれる、買い物同行サービス。
ビザスク https://visasq.co.jp/	2012年創業、2020年上場。経営コンサルを企業に提供するスポットコンサル専門サービス。
wuuzy https://www.wuuzy.jp/	コンサルとデジタルのエキスパート専門。会員は完全招待制であり、トップクラスのプロ人材のみが登録できる。
MENTA https://menta.work/	エンジニア、デザイナー、マーケターなどのメンターと相談者をマッチングできるサービス。
ホンネメンター https://honnetenshoku.com/ mentor/	キャリアのメンターとキャリアに悩む人をオンラインでつなぐサービス。
DMM オンラインサロン https://lounge.dmm.com/	講師や仲間と交流できる会員制のコミュニティを作れる。ビジネス以外では釣りや競馬などの趣味系も盛ん。

情報発信する副業

　ブロガーの副業ではアフィリエイト広告が載せられるはてなブログがおすすめです。アフィリエイト会社はA8.net、バリューコマース、アクセストレードの上場3社を押さえておくと、一通りのジャンルで広告が見つかります。

　ライブ配信の副業ではアーティストやタレント向けのアプリではなく、YouTube LiveやPocochaといった一般ユーザー向けのアプリで展開します。

　情報販売の副業では、記事、漫画、写真、音声などのコンテンツをブログ感覚で投稿できるnoteが便利です。コンテンツの有料公開が簡単に設定できます。

「情報発信する副業」で利用できる主なサービス

サービス名	特徴
はてなブログ https://hatenablog.com/	無料版でも非常に使いやすいブログサービス。有料版では独自ドメインやカスタマイズができる。
A8.net https://www.a8.net/	利用者の満足度が高く、国内最大級の広告主数とサイト数を誇るアフィリエイトサービス。1999年設立。
バリューコマース https://www.valuecommerce. ne.jp/	Yahoo!ショッピング、Amazon、楽天などの大手ショッピングモールのアフィリエイトが充実。

アクセストレード https://www.accesstrade.ne.jp/	国内最大級でYouTubeやInstagramなどのSNSでもサイトが登録できる。1999年設立。
Google AdSense https://www.google.co.jp/ adsense/start/	コンテンツに連動して自動的に広告配信されるサービス。その広告がクリックされると報酬が受け取れる。
YouTube https://www.youtube.com/	チャンネル登録数や総再生時間などの条件を達成することで、動画投稿から広告収入が得られるようになる。
YouTube Live https://www.youtube.com/ live/featured	YouTube上でライブ配信ができるサービス。視聴者がスーパーチャットで配信者に向けて送金できる。
Pococha https://www.pococha.com/ja/	スマホのみでライブ配信ができるアプリ。報酬は投げ銭に加え、ランク別の配信時間で決まる。DeNA運営。
まぐまぐ https://www.mag2.com/	国内最大級のメルマガプラットフォーム。発行者が決めた月額購読料で配信できる。1999年設立。
note https://note.com/	クリエイターが記事、漫画、写真、音声を投稿できる。有料公開を設定すると、収入が得られる。

 ## ものを売る副業

　　仕入れ先と販売先で使うサービスを選びます。仕入先としては実店舗、もしくは国内では楽天やメルカリ、ヤフオク!、海外ではeBayやタオバオが主流です。販売先としてはAmazonが最も高く売れますが、ものによってはメルカリやPayPayフリマ、ヤフオク!を併用します。

　　また、輸入ビジネスでは各国のネットショップ、個人バイヤーではBUYMA、繁殖ビジネスではヤフオク!を使います。いずれにしても商品別に独自の仕入れルートを持っている人が多く、情報収集と経験が必要です。

　　販売については、商品の保管から配送までのすべてを代行してくれるフルフィルメント by Amazon（FBA）を契約して利用するのも便利でしょう。

「ものを売る副業」で利用できる主なサービス

サービス名	特徴
楽天市場 https://www.rakuten.co.jp/	仕入れ時に楽天ポイントがつくことが特徴。上級者はSPUで10倍以上、セールで20倍以上を得ている。
メルカリ https://www.mercari.com/jp/	一般ユーザーがメインで売買しているため、仕入れでは掘り出し物が見つかったり、高値で販売できたりする。

ヤフオク! https://auctions.yahoo.co.jp/	国内最大級のオークションサービス。業者からの大量仕入れや、プレミアグッズの販路に適している。
eBay https://www.ebay.co.jp/	世界最大級のオークションサービス。海外製品の価格調査、仕入れ先、販売先として使える。
タオバオ https://world.taobao.com/	中国最大級のオンラインモール。国内でも販売されている商品を格安で手に入れることができる。
オークファン https://aucfan.com/	国内外のショッピングサイトから商品情報をまとめて検索できる。
Amazon https://www.amazon.co.jp/	仕入れ先ではなく、販売先として使う人が多数。相場が高く、利用者数も多い。
FBA https://sell.amazon.co.jp/fulfill/ fulfillment-by-amazon.html	フルフィルメント by Amazon（FBA）は、Amazonが運営する出品サービス。商品の保管、梱包、発送を行ってくれるため、仕入れに集中できる。
BASE https://thebase.in/	2019年上場。ネットショップを無料で簡単作成。決済機能が充実しており、PDF、写真、音楽なども販売可。
STORES https://stores.jp/	本格的なネットショップを誰でも無料で作れる。画像や動画などのデジタルコンテンツにも対応。
BUYMA https://www.buyma.com/	海外販売の商品を個人間で売買するサービス。日本在住でも海外販売の商品を仕入れて、稼ぐ人がいる。

1-3 副業に役立つ資格

案件獲得で有利になる可能性あり

自分の価値を高める資格

資格とはスキルを保有している証明であり、キャリアを補強する武器です。それは副業でも同じ。有資格者だから副業で食べていけるわけではありませんが、資格を本人の経歴や実績に付け加えることで、顧客の信頼度が上がり、依頼件数や報酬単価が増えることがあります。ワンランク上の資格を取得して、数年後の自分の価値をアップグレードしていきましょう。

ここではChapter2で紹介していく副業のカテゴリ別に、おすすめの資格を紹介していきます。なお、表の資格名の先頭にあるのは以下の意味です。

国家 国家資格　**公的** 公的資格　**民間** 民間資格　**許可** 許可証　**講座** 講座受講

書く副業

ライターや編集者といった副業では、資格なしでも稼ぐ人が大勢いることから、クライアントは実績重視で発注しています。ただ、資格取得までに得た知識そのものは役に立つため、意味がないわけではありません。

また、金融、法律、医療のジャンルではそれぞれの専門資格がないと、読者に正しい情報を伝えられないですし、それ以外のジャンルでも専門資格があるほうが、記事が書きやすいでしょう。

「書く副業」に役立つ資格例

資格名	資格内容
民間 日本語検定 1級	文法、語彙、漢字など最難度の日本語能力を持つ。
民間 ビジネス著作権検定 上級	著作権の知識と活用能力を客観的に証明できる。
講座 編集・ライター養成講座	一流のライターからライティングスキルが学べる。

描く副業

イラストレーターなどの描く副業では、資格は受注率にほとんど影響しません。クライアントも、ポートフォリオを閲覧し、クラウドソーシングサービス上の実績や評価を見てから発注先を選んでいます。

ただし、クライアントはプロのクリエイターではないため、誰の成果物が優れているかの判断は難しいものです。そのとき、第三者が公平に評価した資格を保有していれば、差別化から競合優位性が働きます。

「描く副業」に役立つ資格例

資格名	資格内容
公的 色彩検定 1 級	デザイン業務で理論的かつ効果的に色を使える。
民間 アドビ認定アソシエイト	PhotoshopやIllustratorのソフトが扱える。
民間 DTPエキスパート	印刷物のデザイン、編集、加工などの知識を持つ。

作る副業

副業で資格が必要かどうかは転職活動時と似ています。転職活動時に資格をアピールする必要がない職種なら副業でも必要ありません。作る副業もその1つです。

自分が作った生活雑貨、アクセサリー、CG、写真、動画といったものに対して、他人が正解を決めるわけではないため、資格は意味をなさないのです。作る副業に関する資格については、効率的にノウハウを習得できる手段として捉えましょう。

「作る副業」で役立つ資格例

資格名	資格内容
民間 DIYアドバイザー	DIYの指導ができる知識や技能を身につけている。
民間 CGクリエイタ 検定	CGソフトウェアや映像表現技術を効果的に使える。
民間 フォトマスター検定 1 級	高度な写真を創り出す実用知識と撮影技法を保有する。

コードを書く副業

コードを書く副業では資格が保有スキルの証明として役立ちます。本来、プログラミングの実力を見せるには、プログラミングの実演、もしくはソースコードのレビューしかありません。しかし、それが制約上できないことが多いため、クラウドソーシングサービス上のプロフィールには使用言語と制作実績、さらに資格を併記することで、クライアントが客観的に評価できます。

「コードを書く副業」で役立つ資格例

資格名	資格内容
国家 ウェブデザイン技能検定1級	デザインのみではなくコーディングの実技試験がある。
国家 応用情報技術者試験	高度IT人材に必要な応用的スキルと知識が要求される。
民間 オラクルマスター ゴールド	データベースの高度な知識を包括的に有している。

サポートする副業

必ずしも資格取得で副業が有利になるわけではありません。ただ、クライアントが個人に業務委託したいときに、あなたが中小企業診断士や社会保険労務士などの上級資格を持っていたら「この人に頼もう」となりやすいです。事務、経理、秘書、広報の副業でも、単に本業でその業務に従事している人より、資格取得で箔がついている人のほうが、クライアントに強い動機を生み出すことができます。

「サポートする副業」で役立つ資格例

資格名	資格内容
民間 MOS エキスパート	WordやExcelなどのスキルを明確に証明できる。
民間 日商簿記 1級・2級	高度な会計知識を有し、経営管理や分析ができる。
民間 秘書検定 1級	文書作成や来客対応などのビジネススキルを保有する。

企画推進する副業

マーケティング職では成果物を残せないことが多く、実績を証明するものが乏しいです。そのため、広告運用やデータ分析といった副業では資格保有が自己アピールにつながります。

もちろん、資格だけでは稼げません。クライアントは数値改善を期待しているため、結果が出なかったときは、契約を打ち切られるシビアな世界です。ただ、上級資格を保有していることで、最初の受注はしやすくなります。

「企画推進する副業」で役立つ資格例

資格名	資格内容
民間 GAIQ 上級	Googleアナリティクスの高度なスキルを保有する。
民間 Google広告認定資格	Googleにオンライン広告のエキスパートと認定される。
民間 統計検定 1級・2級	統計数理を駆使してアクションの意思決定につなげる。

教える副業

資格は受注率を上げる要因の1つです。特に教える副業では「有資格者なら相談してみよう」といった安心感を与えますし、ファイナンシャルプランナーのように資格がないと集客が難しい職種もあります。

また、新たに資格を取得する場合、好きな仕事を極めるための資格が望ましいです。英会話講師なら教え方や話し方の資格よりも、ストレートにTOEIC900点以上のほうが顧客は集まります。

「教える副業」で役立つ資格例

資格名	資格内容
民間 TOEIC	英語のコミュニケーション能力を総合的に評価する。
国家 中小企業診断士	中小企業の経営課題を分析し、助言できる能力がある。
国家 キャリアコンサルタント	従業員のキャリアプランを明確にし、支援できる。

情報発信する副業

ブロガーやユーチューバーに資格は不要です。しかし、何かしらの資格があることで情報発信する副業は成功しやすいです。例えば、インスタグラマーならメインに保育士の資格を持ち、サブとして大型二輪免許の資格を持っていることを組み合わせた情報発信をすることで、その業界での注目度が上がったりします。競合と真っ向勝負せず、無関係の資格で一工夫することがポイントです。異色のキャリアの掛け算は高難度ですが、真似しにくいことが参入障壁になります。

「情報発信する副業」で役立つ資格例

資格名	資格内容
民間 ソムリエ	主にワインに関する高度な知識と技能を持っている。
許可 PADI ダイブマスター	ファンダイビングを引率して、ガイドができる。
民間 プロ雀士	競技麻雀の団体に所属し、プロテストに合格している。

ものを売る副業

　ものを売る副業では物品によっては許可が必要です。国内で中古品を何度も仕入れて転売するときは、警察署に古物商許可を申請しなければいけません。一方、新品や海外で仕入れたものの転売では不要です。

　食品では食品衛生法に基づく営業許可、動植物では動物取扱業の許可が必要なものもあります。また、適法な動植物でもヤフオク!では昆虫類、魚類、両生類しか販売できないなど、サービスごとにルールがあります。

　他にも自分で手作り石鹸を作って売る場合も許可が必要なように、事前調査が欠かせません。

「ものを売る副業」で役立つ資格例

資格名	資格内容
許可 古物商許可	古物営業法に規定される古物を売買できる。
許可 第一種動物取扱業許可	動物の繁殖、飼育、展示、売買などができる。
許可 化粧品製造販売業許可	自社が考案した化粧品を販売できる。

副業者の確定申告

追加の収入があるときは申告と納付をしよう

　副業の収入が増えてくると、税金のことも考える必要があります。本業で会社員の人は、年末調整をするだけなのであまり経験はしませんが、2月や3月に確定申告がはじまったというニュースは見たことがあると思います。

　副業の確定申告とは、本業以外に追加の所得があった場合、国に納めるべき税額を正しく再計算して、申告書を提出する制度です。はじめてのときはかなり面倒に思えますが、一度経験すれば、そこまで難しい仕組みではありません。

対象となる副業者

　確定申告の対象となるのは、次のような副業を行っている人です。

・雇用型副業　→　副業の勤務先からの給与所得が年間20万円を超えた人
・自営型副業　→　副業の事業所得や雑所得が年間20万円を超えた人

　これら以外にも「自家用車を貸し付けた」や「暗号資産を売却した」などの所得が年間20万円を超えた人も、確定申告が必要です。逆に副業の所得が年間20万円以下の人は、所得税の確定申告は必要ありません。

確定申告の手続き

　確定申告書は国税庁の公式サイト、税務署の相談窓口、クラウド会計サービスで作成できます。提出期間は原則所得があった翌年の2月16日〜3月15日、提出先は住所を管轄する税務署です。

　給与所得、売上や経費がわかる書類などを準備します。
　給与所得や雑所得の人は確定申告書A、それ以外は確定申告書Bを選びます。
　申告書に個人情報や収入金額などの必要事項を記入します。
　税務署の窓口に持参か郵送、もしくは電子申告で提出します。

納付または還付を受けます。

詳しくは税務署のウェブページなどを参照するようにしてください。

📋 よくある質問と回答

副業アドバイザーをしていると、確定申告についても聞かれることがあります。ここで、よくある質問とそれへの回答を紹介しておきましょう。

質問1：副業の所得が年間20万円以下なら確定申告は不要ですか。
回答：はい、所得税の確定申告は不要です。ただし、住民税の確定申告は年間20万円以下でも対象になるため、各市区町村の公式サイトを確認しましょう。また、所得税の確定申告をした場合は、自動的に住民税の確定申告も完了します。

質問2：副業の売上が100万円、経費が200万円なら確定申告は不要ですか。
回答：はい、必須ではありません。ただし、本業の給与所得と副業の事業所得は損益通算できるため、確定申告をすることで、本業で納付済みの源泉所得税が還付金として戻る可能性があります。

質問3：事業所得と雑所得の違いはなんですか。
回答：明確な基準はありませんが、継続的な活動で得た所得は事業所得、一時的な所得やお小遣い稼ぎは雑所得とみなされます。事業所得のほうが給与所得との損益通算、青色申告特別控除、純損失の繰り越しなどができるためお得です。

質問4：納付額をごまかしたり、確定申告をしなくてもばれませんか。
回答：高所得の人ほど税務調査を受ける可能性が高い傾向があります。ただし、税務署は副業の売上や経費のデータは把握しており、申告義務を適正に履行しない場合、過少申告加算税、無申告加算税、不納付加算税、重加算税が課せられます。

間違った副業の選び方とは？

1. 誰かのおすすめの副業

おすすめの副業はいくつもあります。ただ、私にはおすすめであっても、あなたにはおすすめではないかもしれません。あなたが今働いている本業の会社も「第三者のおすすめだから」という理由では選ばなかったはずです。

副業も同じであり、結局は本人の興味や関心が決め手になります。おすすめの副業は「効率的に稼げる」「時間の融通が利く」「キャリアが積める」などが特徴ですが、これだけで副業を決めることは避けて、自分の「やりたいこと」と「できること」、世間に「必要とされること」も組み合わせて副業を選ぶとよいでしょう。

2. 人気ランキング上位の副業

副業の人気ランキングで上位のものは、「みんながやっている副業＝誰でもこなせる副業」が多く、収入を含めて旨味は乏しいです。世間の流れではなく、自分を軸にした副業選びに集中しましょう。

例えば、本業で安定した給与を得られるからこそ、副業ではあえて難度の高い起業を狙うこともありです。本業は生活のためと割り切って、副業で「喜び」や「やりがい」を見いだすことも正解です。

3. 高い報酬を狙った副業

副業だから「高い報酬が得られる」は幻想です。本業と副業は同じ仕事であり、その仕事を本業にする人もいれば、副業にする人もいます。つまり、副業であろうと本業であろうと、仕事で受け取れる収入には大きな違いはありません。

もし副業で大きな収入を得ようとするなら、それと同じくらいの価値提供が必要です。例えば、オリジナル商品を開発したり、新しいサービスを構築するなど、仕組みそのものを作る側に回ることです。このことを理解していないと、副業で一攫千金を夢見て高額な情報商材や副業詐欺に手を出すなど、報酬どころかお金をなくしてしまいます。

Chapter

2

カテゴリ別
副業の職種 100

稼ぎやすさ	☐☐☐☐☐
働きやすさ	☐☐☐☐☐
難度の低さ	☐☐☐☐☐
人気の高さ	☐☐☐☐☐

1 ウェブライター

▶ 記事を執筆する在宅ワーク！ 平均単価は1文字0.5円〜 10円

　ウェブメディアに載せる記事を執筆する副業です。案件は主にクラウドソーシングサービスで探します。もしくは企業から直接依頼を受ける人もいます。業務のやり取りはチャットやメールが基本であり、好きな時間に好きな場所で作業ができます。その分野の専門知識がなくても、記事化できるスキルがあれば、仕事は成り立ちます。むしろ、得意ではない分野でもスピーディーに調べて、自分の知識として取り入れ、自分の言葉で書き直すことが稼ぐポイントです。

報酬の目安	1文字0.5円〜 10円
月収の目安	月1万円〜 20万円
労働時間の目安	1時間〜
書く時間帯	朝・昼・夜・土日

ウェブライターの単価は？

　大手のクラウドソーシングサービスを見てみると、1文字0.1円〜0.5円の案件から1文字5円や10円の案件まであります。仮に「1文字2円で2500文字」の案件を月10本請け負ったとすると、報酬は月5万円に達します。

案件例	1文字の単価	文字数
富士山を登ったときの体験レポート	1円	2000文字
電車内で痴漢にあったときの対処法	1.5円	2000文字
新橋駅でおすすめの焼き鳥屋7選	2円	2500文字
保育士によるベビーシッター体験	2.5円	4000文字
クラウドファンディングの仕組み	3円	3000文字

必要なスキルやコツは？

クラウドソーシングサービスでウェブライターの案件を検索すると、常時、数千件は見つかり、その8割は1文字1円以下です。しかし、未経験者はあえて低単価の案件を選び、10件以上の実績を作ることからはじめましょう。実績を増やすことで徐々に信用力が積み上がり、1円、2円、3円と文字単価の高い案件を受注できるようになります。同時に文章を書くスピードが上がり、効率的な副業に進化するでしょう。

ポイントアドバイス

- ◯ 1文字あたりの単価は難度が高いほど上がる
- ◯ 日常に存在するスキマ時間を有効に使える
- ◯ 育児専門のように専門性を磨くと受注しやすい
- ✕ 実際には通勤中やカフェでは作業効率は落ちる
- ✕ 専用キーボードや編集ソフトが高額である

企業は自社メディアによる集客に力を入れており、高品質な記事が書けるライターの需要は高まる見込みです。また、どの仕事でも文章を書けるスキルは必要であり、自己研鑽にも役立ちます。

2 インタビュー記事制作

稼ぎやすさ	☐☐☐☐
働きやすさ	☐☐☐☐
難度の低さ	☐☐☐☐
人気の高さ	☐☐☐☐

▶ 業界の有名人や有識者の知見に触れて記事にする

　インタビュー記事制作は、編集部から企画の打診を受けて、インタビュー相手に企画趣旨の説明や質問項目を送付し、取材日程の調整をします。1時間〜 2時間の現地取材のあと、録音とメモから記事を執筆し、初稿を提出します。編集部の要望に応じて修正をして、納品物を仕上げます。取材時にはカメラマンとして写真撮影をしたり、原稿には表やグラフを作成して納品することもあります。また、必ずしも対面取材が求められるわけではなく、自宅からのオンライン取材のみで完結する案件も増えています。

報酬の目安	1文字5円〜 20円
月収の目安	月1万円〜 20万円
労働時間の目安	2時間〜
書く時間帯	朝・昼・夜・土日

インタビュー記事制作の単価は？

1文字あたり5円〜20円です。ただ、取材前には取材対象者が掲載されている別メディアの記事、書籍、Twitterなどにも目を通し、質問のストーリーも考えるため、時給換算では1500円〜3000円くらいになります。交通費や交際費は別途支給されます。

案件例	文字数	報酬
Uber Eatsで働く人の密着取材	5000文字	5万円
不動産投資をはじめた会社員の現地取材	3000文字	1万円
有名タレントの子育て取材	6000文字	8万円

必要なスキルやコツは？	ポイントアドバイス
初心者が編集プロダクションや出版社から直接依頼を受けることは難しいです。まずは単価は低めですが、クラウドソーシングサービスで、自らの体験談を記事化する案件や、依頼主をインタビューする案件をこなして、実績を残すことからはじめましょう。その後、ライター同士のコネクションを作り、ウェブメディア系の案件を回してもらうことが報酬を上げる近道です。	◯ 時給換算では高めの報酬が受け取れる ◯ 年齢問わずできるため、定年後も続けられる ◯ 有識者の知見に直接触れる体験ができる ✕ 話を引き出すスキルが要求される ✕ 急に取材が入るため、スケジュール管理が難しい

自らがその業界に詳しいほど、具体的な質問ができるため、取材はしやすくなります。また、取材で引き出した数万文字の情報をまとめあげるため、書き起こすライティングスキルは相当向上します。

書く副業

稼ぎやすさ	□□□□□
働きやすさ	□□□□□
難度の低さ	□□□□□
人気の高さ	□□□□□

3 文字起こし

▶ 収録された音声を文字に起こす！ 音声認識ソフトで効率アップ

　文字起こしは録音された音声を聴きながら、テキスト化していく仕事です。内容は著名人や有名人への取材、会議、座談会、企業主催のシンポジウム、公共団体の講演会などになります。報酬は10分の音声で500円〜1000円ですが、実際の作業時間は録音時間の3倍〜6倍が目安です。60分の音声で一般的には3〜4時間、初心者は6時間で完了させることを目標にします。読解力に自信がある人は、単語や文脈を的確に捉えられて効率的に作業が進みます。

報酬の目安	10分で500円〜1000円
月収の目安	月1万円〜10万円
労働時間の目安	1時間〜
書く時間帯	朝・昼・夜・土日

📋 文字起こしをはじめるには？

案件はクラウドソーシングサービスで見つかります。ただし、同じ60分の音声でも報酬は2000円、5000円、1万円とばらつきがあり、これは求められるクオリティの高さに比例します。

① クラウドソーシングサービスに会員登録します
② 文字起こしやテープ起こしの案件に応募します
③ 納期までに指定された形式で、原稿を提出します
④ 修正依頼がある場合は対応します
⑤ 報酬が指定の銀行口座に振り込まれます

必要なスキルやコツは？	ポイントアドバイス
文字起こしでは音声認識ソフトを使用して、事前にテキスト化してから修正する方法が一般的です。文字起こしの種類には、一言一句聞こえた通りに書き起こす「素起こし」、不要語やどもり声を排除した「ケバ取り」、話し言葉を「ですます調」の書き言葉に整える「整文」、概要や箇条書きに分ける「サマリー」などがあり、さらに「話し手の特徴」が表せるようになると、報酬単価は上がります。	◯ 比較的案件が豊富にある ◯ 音声認識ソフトの向上で以前より作業が楽になった ◯ 在宅で好きな時間に作業できる ✕ 単純作業のため、特別なスキルは習得できない ✕ 将来的にすべてAIで自動化される可能性がある

文字起こしそのものは技術革新により淘汰される可能性があります。ただ、現状の自動化技術はまだ発展段階です。クライアントは記事としてすぐに使えるクオリティを求めているので、今が稼ぎ時です。

稼ぎやすさ	□□□□
働きやすさ	□□□□
難度の低さ	□□□□
人気の高さ	□□□□

4 校正者

▶ ライターや塾講師が好む副業！ 1000文字500円の副収入

校正者
> 誤字脱字や
> 日本語の表現が
> 間違っていないか、
> 確認しなきゃ。

校閲者
> 大阪冬の陣が1614年、
> 夏の陣が1615年で合って
> いたっけ。数字の確認やファクト
> チェックまでしっかり
> しないと。

　校正は文章に誤りがないかをチェックし、正しい文字や文法に直すことです。簡単な校正はツールでできるため、単純な間違い探しではなく、気づきの能力が求められます。さらに、内容の事実確認や矛盾を指摘する校閲を兼ねることも多いです。副業では新聞、雑誌、書籍より、企業のポスターやパンフレット、企画書、ニュースメディアやオウンドメディアの案件が増えており、特にウェブ校正者の需要は高まっています。

報酬の目安	1000文字300円～ 500円
月収の目安	月1万円～ 10万円
労働時間の目安	1時間～
働く時間帯	朝・昼・夜・土日

校正案件の単価は？

　報酬の目安は、誤字脱字や言い回しのチェックで1000文字300円～500円、校閲が含まれると1000文字1000円～1500円です。医療や法律のように専門性が高まるほど、単価も上がります。案件はクラウドソーシングサービスで見つかります。

案件例	文字数	報酬
経済系オウンドメディアの記事の校正	1000文字	400円
旅行記のリライト、校正、校閲	1000文字	1000円
中学校の国語教科書の校正、校閲	2000文字	4000円

必要なスキルやコツは？	ポイントアドバイス
校正者は完全な実力主義の世界であり、正確かつ迅速に仕事を続けると、単価も上がりますが、逆の評価を受けると二度と仕事がもらえません。特に評価が可視化されているクラウドソーシングサービスで失敗しないよう、難度が高い金融系や医療系メディアの記事は避けて、自分ができる分野のみを受注します。また、校正はスピード重視のため、「土日も当日納品可」などと掲載すると、受注率が高まります。	○ 専門性の高い分野は時給換算で2000円以上 ○ 自宅で好きな時間に作業ができる ○ 日本語を修正するスキルが向上する ✕ ベースの単価が高くないため、作業効率化が必須 ✕ ライバルが多いため、受注競争が発生する

　一般常識、日本語表現、漢字、文法、語彙力に自信があっても、未経験者は苦戦します。効率化のためには有料の辞書サービスなどを活用して、定年後も続けられる副業を目指しましょう。

 書く副業

稼ぎやすさ ☐☐☐☐☐
働きやすさ ☐☐☐☐☐
難度の低さ ☐☐☐☐☐
人気の高さ ☐☐☐☐☐

5 編集者

▶ ウェブメディアで需要増！ 企画から投稿までを請け負う副業

出版や広告、ウェブメディアなどのクライアント

④ 納品

企画を提案することも

制作の全体を依頼

ライター

イラストレーター

編集者

① 依頼

制作の進行を管理

② 依頼

③ 納品

デザイナー

カメラマン

　編集者はコンテンツの企画、ライターやデザイナーの手配、原稿チェックなど、制作全体を管理します。以前はマスコミや出版社、編集プロダクションに所属することが必要な狭き門でしたが、ウェブや電子書籍の普及で裾野が広がりました。クラウドソーシングサービスでもニュースメディアやオウンドメディアの案件が目立ち、副業者を募集しています。また、書籍や雑誌のみではなく、小説、マンガ、フリーペーパー、社内報などの案件もあります。

報酬の目安	1ページ500円〜
月収の目安	月1万円〜10万円
労働時間の目安	1時間〜
働く時間帯	朝・昼・夜・土日

📋 編集案件の単価は？

　記事のリライトのようなライターや校正者に近い案件から、メディア全体のコンテンツの企画、取材、投稿までを1人で請け負う案件もあります。案件によって業務範囲や規模が大きく異なるため、自分のペースやスキルに合った選択をすることが重要です。

案件例	数量	報酬
オウンドメディアの企画と進行管理	5記事	10万円
書籍の原稿編集	100ページ	5万円
雑誌記事の編集とリライト	3000文字	3000円

必要なスキルやコツは？

編集者の目的は人に読んでもらえる記事を作ることです。そのためには市場調査をして企画を立てるマーケティング、進行管理と品質管理をするディレクション、編集と校正をするライティングの3つのスキルが必要になります。
さらにウェブ媒体の編集者は集客できるキーワードを選定し、自分で画像加工をしたり、ブログツールのWordPressに投稿する知識も求められます。

ポイントアドバイス

- ○ 時給換算で1000円〜2000円は見込める
- ○ 案件の種類が豊富で自分に合うジャンルを選べる
- ○ 将来的な需要も安定している
- × 業務範囲が不明確で割に合わない案件が紛れている
- × 案件によっては自ら取材や打ち合わせが必要になる

編集者はライティング力が鍛えられるだけではなく、有識者や著名人の知見に触れることで、そこから世界観が広がるチャンスもあります。目的や利点をはっきりさせると続けやすい副業です。

書く副業

稼ぎやすさ	☐☐☐☐☐
働きやすさ	☐☐☐☐☐
難度の低さ	☐☐☐☐☐
人気の高さ	☐☐☐☐☐

6 コピーライター

▶ 商品やサービスを売るための言葉を選ぶ！ 副業向きの職種

新商品の靴下のコピーを募集！

コンペ

「足元から温まる」

「ホットソックス」

「床暖房いらず」

「〇〇靴下」

コンペに参加

依頼主

　仕事内容によって、商品のネーミングやキャッチコピーを考案する広告コピーライターと、本文やメルマガを書くセールスコピーライターに分かれます。副業ではランディングページ（LP）、メルマガ、バナータイトルの作成といったウェブ系の需要が多く、案件はクラウドソーシングサービスで見つかります。また、コピーライターは作業時間よりもアイデアを出す時間のほうが長く、実作業もパソコン1台でどこででもできるため、スキマ時間を有効に使えるのが魅力です。

報酬の目安	1件1000円〜 3万円
月収の目安	月1万円〜 20万円
労働時間の目安	1時間〜
働く時間帯	朝・昼・夜・土日

🗳 広告コピーライターとセールスコピーライターの単価は？

広告コピーライターは依頼主に直接提案して、採用されたら報酬が支払われるコンペ式に申し込む人が多いです。1件5000円～数万円と単価は高めですが、採用されないと報酬にならないため、確実に収入を得たい人には不向きです。

案件例	報酬
新規サービスのネーミング	3万円
ウェブメディアのキャッチコピー	8000円

セールスコピーライターは案件に応募して、受託できたら報酬が支払われるプロジェクト形式が主流です。初心者はブログ投稿のような1文字0.5円の低単価案件からはじめますが、経験者は大手企業の商品説明のような1文字5円の高単価案件が狙えます。

案件例	報酬
LP記事の作成 (1000文字)	3000円
セールスレターの編集 (2000文字)	8000円

必要なスキルやコツは？	ポイントアドバイス
コピーライターの目的は商品やサービスの魅力を言葉で伝えて、ユーザーに選んでもらうことです。買い手の心理を理解し、それを広告に落とし込む語彙力と表現力が欠かせません。クライアントの意向を聞き出すヒアリング力を高めて、コピーライティングのアイデアとなる流行もキャッチしましょう。また、AdobeのIllustratorやPhotoshopが使えると、直接データを納品できるために差別化になります。	○ 実績と評価が積み上がるほど単価が上がる ○ スキマ時間で柔軟に働ける ○ 本業と副業の垣根がなく、相乗効果が期待できる ✕ コンペ案件は制作しても報酬0円がありえる ✕ クラウドソーシングサービスは競合がかなり多い

コピーライターは年齢に関係なく続けられる副業です。特にウェブとの相性が良いため、ウェブクリエイター系のスキルがあると高単価案件を受注しやすくなります。

稼ぎやすさ	☐☐☐☐☐
働きやすさ	☐☐☐☐☐
難度の低さ	☐☐☐☐☐
人気の高さ	☐☐☐☐☐

7 電子書籍制作

▶ 著書をノーリスクで出版できる！ Amazonなら印税が最高70％

Amazon Kindle ストア

① Kindle ストアに作品登録

② Kindle ストアで購入

④ Amazon からの入金

③ 支払い

著者・制作者

読者

　著書を出版する選択肢は「出版社から声がかかる」「コンテストに応募する」「自費出版する」くらいしかありませんでしたが、現在は個人が書いた原稿をデータ化して、AmazonのKindleストアなどで電子書籍として販売できます。

　印税はAmazon専売なら売上の最高70％、読み放題サービスで読まれた場合は1ページ0.5円程度が得られます。紙への印刷や物理的な運搬コストがないので、個人でも気軽にはじめられます。

報酬の目安	売上の最大70%
月収の目安	月0円〜 20万円
労働時間の目安	1か月〜
働く時間帯	朝・昼・夜・土日

📋 電子書籍制作をはじめるには？

1. 通常の書籍同様に目的、企画、構成を作ります
2. テキストエディタで執筆します
3. Kindleに会員登録し、電子書籍のタイトルや情報を入力します
4. Kindleに電子書籍の原稿と表紙をアップロードします
5. 価格を設定し、審査が通ると販売が開始されます

　AmazonのKindleのメリットは、Amazonの販売網と決済システムを使えることです。また、不良在庫が発生しないため、ノーリスクではじめられます。

必要なスキルやコツは？	ポイントアドバイス	
電子書籍を読んでもらうには、テーマが重要です。小説やラノベは有名な書き手でない限り売れません。副業では実用書がメインです。貯金・節約・投資系、ビジネス系、恋愛・婚活系、ダイエット・健康系といった不変的なテーマが読まれます。 売れるコツは「表紙はプロに外注する」「文字数は1万字以上」「価格は100円程度」にして、お得感を出しながらTwitterなどで宣伝することです。	○	一度書いてしまえば、定期的に印税が入る
	○	紙書籍に比べて印税率が高い
	○	自宅で好きなことを好きな時間にできる
	✕	専門的知見がないと、低評価で売れない
	✕	中身が良くても、集客力がないと売れない

電子書籍とは自分の知識や経験を社会に共有するもので、個人の知名度を上げるツールにもなります。今のような個人で活躍する場が広がっている時代においては、ブログやTwitterのみではなく、電子書籍も利用してブランディングしましょう。

稼ぎやすさ		
働きやすさ		
難度の低さ		
人気の高さ		

8 小説家

▶ 本業向きではない職種は副業で勝負！ 休日の創作活動でデビューする

平日 — 会社で営業

休日 — 創作・執筆

　会社員と兼業して執筆活動を行い、小説を書き上げた人は大勢います。会社員の給与によって生活基盤と精神的安定が保てるからこそ、創作活動に注力できる現実もあります。会社勤めのリアルからイメージを広げて小説に反映した人もいますし、現役の医師だからこそ現場感覚が伝わる医療小説を書き上げた人もいます。このように社会との関わりを維持することで、情報の感度が上がる事例は見過ごせません。また、小説家はクライアントの要求や納期に追われない分、本業との両立がしやすい職種です。

報酬の目安	1作品100円〜
月収の目安	月0円〜 20万円
労働時間の目安	1か月〜
書く時間帯	朝・昼・夜・土日

52

📓 小説家をはじめるには？

　小説を書くのはすぐにできますが、小説家になるには書き上げた作品を世の中に出して、読者に届ける必要があり、例えば、次のような方法があります。

・出版社主催の文学賞に応募して入賞を果たす
・小説投稿サービスに投稿して、ランキング上位になる
・電子書籍を出版して、Amazon Kindleなどで販売する

　出版社主催の文学賞でデビューすることが王道です。ただ、小説投稿サービスで人気となって、出版社から声がかかってデビューするケースも増えました。電子書籍は経費がかからずリスクゼロで販売することができます。

必要なスキルやコツは？	ポイントアドバイス
執筆そのものは誰でもできますが、自分を客観視できずに実力不足であることがほとんどです。 そのため、小説の書き方を学べる専門学校に通って、スキルの底上げをすることがおすすめです。社会人向けの夜間コースもあります。そこで小説家や編集者との人脈ができたり、提携する出版社のコンペに応募できるなど、小説家になるためのチャンスが広がります。	○ 出版されると継続的に印税が入る ○ 小説投稿サービスの台頭でチャンスが増えた ○ 好きな時間に作業に没頭できる ✕ 執筆時間の捻出が大変である ✕ デビューできても売れるかは別である

　小説家で稼ぎ続けることは難しいです。しかし、この創作活動が、将来的にドラマの脚本家やゲームのシナリオライターの職に転用できるなど、軸がぶれないキャリア構築ができます。

 **書く副業**

稼ぎやすさ	☐☐☐☐
働きやすさ	☐☐☐☐
難度の低さ	☐☐☐☐
人気の高さ	☐☐☐☐

9 翻訳者

▶ 得意の外国語力でスキマ時間に稼ぐ! 産業翻訳と映像翻訳に需要あり

海外

産業機械のマニュアル

論文

契約書

英語　中国語　フランス語　ドイツ語

翻訳者

　翻訳は産業翻訳、出版翻訳、映像翻訳に分類されます。製品マニュアル、契約書、論文などを扱う産業翻訳は常に需要があり、海外ウェブメディアの出版翻訳や映像翻訳の案件も増えています。1文字あたりの単価は、ブログや商品説明の翻訳では1円〜5円、論文や契約書は3円〜10円、動画は1分500円〜1000円です。法律、技術、学術的な文書はさらに単価が上がります。言語は英語翻訳が圧倒的ですが、中国語やフランス語、スペイン語、ドイツ語の案件もあります。

報酬の目安	1文字1円〜10円
月収の目安	月1万円〜20万円
労働時間の目安	1時間〜
働く時間帯	朝・昼・夜・土日

翻訳者をはじめるには？

① 翻訳サービスやクラウドソーシングサービスに会員登録をします
② 翻訳サービスでは試験を受けて、レベルが決まります
③ 翻訳案件の連絡が来て、受注します
④ 締め切りまでに翻訳をして文章を送信します
⑤ 検品が完了したら報酬が振り込まれます

翻訳サービスではレベルに合った案件が振り分けられるため、自分で仕事を探したり、依頼者との交渉も必要ありません。一方、通常のクラウドソーシングサービスでは自分で案件や報酬を決められますが、ライバルも多いです。

必要なスキルやコツは？	ポイントアドバイス
クラウドソーシングサービスでは、経歴、実績、評価で受注率が決まります。翻訳者の経歴はTOEIC900点以上、米国大や英国大卒が一般的。実績も翻訳歴や通訳歴を並べて、米国在住歴やビジネス経験をプロフィールに載せる人が目立ちます。また、特許、工業、医療などの専門生も欠かせません。さらに日本語力もアピールしながら、着々と評価を積み上げることが、リピーターを増やすコツです。	◯ 翻訳業は全般的に高収入である ◯ 過去の経験や本業のスキルを生かせる ◯ 受注から納品まで完全在宅できる ✕ 簡単な翻訳は単価が安くて、旨味が少ない ✕ 継続案件がないと収入が安定しない

AIによる翻訳ツールが進化するまでには、まだ時間がかかります。特に日本語は微妙なニュアンスの違いが多い言語であり、感情を込めた表現も多く、今後も人による翻訳が欠かせません。

書く副業

稼ぎやすさ ▢▢▢▢▢
働きやすさ ▢▢▢▢▢
難度の低さ ▢▢▢▢▢
人気の高さ ▢▢▢▢▢

10 映像翻訳

▶ 動画に特化した翻訳者！ 映像の長さに合わせた難度高めの翻訳業

　映像翻訳はテレビ番組や映画、観光PRや企業PR動画、レッスン動画の字幕表示や吹き替え用の翻訳をします。特に動画配信サービスの広がりで需要が急増しており、将来性も期待できる職種です。

　テレビ番組や映画では、映像の尺に合わせる精度が求められ、本業が同職種のプロでないと難しいです。しかし、YouTube用の映像ならクラウドソーシングサービスで依頼される案件が多く、未経験者でもスキルがあれば副業にすることができます。

報酬の目安	10分で5000円〜 1万円
月収の目安	月1万円〜 20万円
労働時間の目安	1時間〜
働く時間帯	朝・昼・夜・土日

映像翻訳の単価は？

単価は10分で5000円〜1万円が相場です。日本語を外国語に翻訳する場合は、単価が20％〜30％アップします。また、字幕よりも吹き替えのほうが出演者の口調に合わせないといけないため、単価が上がります。

案件例	時間	報酬
テレビCM動画の中日翻訳	1分	3000円
企業のPR動画の字幕作成	2分	4000円
YouTubeの日英翻訳	10分	5000円

必要なスキルやコツは？	ポイントアドバイス
クラウドソーシングサービスには、映像翻訳のカテゴリだけではなく、言語別のカテゴリで動画案件が募集されていることが多いです。さらに翻訳サービスでも動画案件が豊富であるため、複数のサービスを同時に利用して案件を探しましょう。また、シンプルな翻訳だけではなく、映像に字幕を差し込むところまで請け負ったり、プラスアルファの専門性やスキルを磨くと、案件の獲得につながりやすいです。	○ 自分のスキルが高いほど効率的に稼げる ○ 専門性やスキル、マイナー言語で単価アップ ○ 自動化が難しい職種で今後も需要がある × 実績がないうちは低単価案件を請け負う × シンプルな映像翻訳の案件は競合が多い

翻訳に慣れた人でも、10分間の映像翻訳に数時間かかることがあります。経験を積んで効率を上げていくことが、映像翻訳で稼ぐポイントです。

書く副業

稼ぎやすさ	☐☐☐☐
働きやすさ	☐☐☐☐
難度の低さ	☐☐☐☐
人気の高さ	☐☐☐☐

11 | 添削指導者

▶ 模擬試験の答案や小論文を添削する！ 1枚100円～1000円

塾や予備校、
通信教育会社

テスト、作文など

依頼

添削

　小学生から社会人までの模擬試験の答案を添削する副業です。ウェブ上で添削業務を行うか、もしくは宅配便で解答用紙が届きます。クライアントは大手学習塾や予備校、通信教育会社です。完全出来高制で小学生の正誤チェックは1枚数十円、予備校の小論文は1枚500円以上に跳ね上がります。一方、クラウドソーシングサービスでも案件を受注できます。その中で最も多いのは、公務員試験を受ける人のエントリーシートや小論文であり、単価は1枚1000円程度です。

報酬の目安	1枚100円～1000円
月収の目安	月1万円～3万円
労働時間の目安	1時間～
働く時間帯	朝・昼・夜・土日

📇 添削指導者をはじめるには？

1. 添削学習で指導している塾や通信教育会社に応募します
2. 書類選考を通過して、面接や筆記試験を受けます
3. 新任研修を受け、添削指導者の基礎知識を身につけます
4. 添削指導者として案件を受けます
5. 件数に応じて報酬が振り込まれます

　塾や予備校では受験前の秋から冬、通信教育では試験時期前に募集をかけているところが多いです。募集時期をチェックして、案件は逃さないようにしましょう。

必要なスキルやコツは？	ポイントアドバイス	
添削指導者の応募資格は大卒以上であり、採用試験や面接があります。教科は1つに絞られるため、得意な科目があれば大丈夫です。答案を解説できるほどの知識は求められず、正誤判定とマニュアルに沿ったアドバイスを記載します。高単価を狙うなら小論文の添削案件です。ただ、小論文の添削では文章の誤字や表記に赤字を入れて、リライト、文章全体の構成を指導するスキルが必要になります。	◯	完全出来高制で慣れると作業効率が上がる
	◯	法人案件をまとめて請け負うこともできる
	◯	在宅で好きな時間に作業ができる
	✕	採用までに試験や面接のハードルがある
	✕	小論文以外は時給換算で低くなりがち

　従来は法人からの業務委託がほとんどでしたが、今はクラウドソーシングサービスで案件を請け負えます。特に小論文は需要と単価が高く、年齢不問の副業になっています。

書く副業

稼ぎやすさ ☐☐☐☐☐
働きやすさ ☐☐☐☐☐
難度の低さ ☐☐☐☐☐
人気の高さ ☐☐☐☐☐

12 | レビュー投稿

▶ 文章が苦手な人でも自分の体験談だから書きやすい

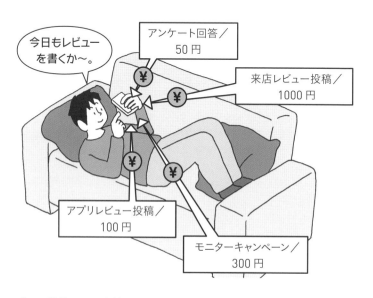

　レビュー投稿とは、店舗を利用した感想や、商品やスマホアプリの使い勝手を投稿する副業です。自分の体験談をそのまま伝えるため、文章が苦手な人でも気軽に書くことができます。報酬は質問数や文字量によって異なり、簡単なアンケートでは1問あたり10円も得られません。しかし、全部で20分〜30分かかる案件では、数百円程度がもらえます。一般的なアルバイトよりは稼げませんが、空き時間に片手間でできることが魅力です。

報酬の目安	1件10円〜1000円
月収の目安	月1000円〜3万円
労働時間の目安	1分〜
働く時間帯	朝・昼・夜・土日

📋 レビュー投稿をはじめるには？

レビューサイト、クラウドソーシングサービス、アンケート会社、ポイントサイトなどに会員登録すると、案件に申し込むことができます。

案件の申し込み先	特徴
レビューサイト	スマホアプリのレビューは時給換算で1000円〜1500円がもらえます。ただし、案件数が少ないことがデメリットです。
クラウドソーシングサービス	企業の案件に直接応募できます。商品レビューや体験談が多く、1文字0.1円〜0.5円です。
アンケート会社	簡単なアンケートに答えることで、100円や200円分のポイントがもらえます。

必要なスキルやコツは？	ポイントアドバイス
レビューで稼ぐには、文字入力のスピードを上げて、1時間あたりの作業量を増やす必要があります。1案件1000円以上のものは文字数が相当多くなるため、実際はスマホではなく、キーボードのあるパソコンとテキストエディタの組み合わせが最適です。さらにテンプレート、予測変換、校正ツールを使いこなすことで、入力作業も疲れにくく、効率も上がります。	○ スマホのみでも気軽に月数百円〜数千円は稼げる ○ パソコンを使うと効率的に月数千円〜数万円が稼げる ○ スマホアプリと企業案件は比較的単価が高め ✕ 高単価案件は数が少なく、月数回も請け負えない ✕ レビュー投稿を続けても、スキルは獲得できない

レビュー投稿は空き時間を使って、報酬を積み上げていく副業です。1つあたりの単価は低くても、初期費用やリスクがないため、副業初心者におすすめです。

書く副業

稼ぎやすさ	■■□□□
働きやすさ	■□□□□
難度の低さ	■■■□□
人気の高さ	■■■■□

13 ゲーム攻略レビュー

▶ ゲーム好きに最適！ 遊んでいるゲームの攻略方法を書く

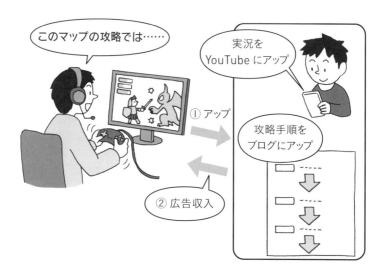

　ゲームの攻略手順をブログやYouTubeで公開する副業です（※1）。広告ビジネスであり、ブログに載せたアフィリエイト広告やクリック報酬型広告で収入を得ます。一般的なブログではPV（Page View）数を伸ばすまでに最短6か月程度はかかりますが、ゲームブログなら企業側が大型予算を投じてゲームの宣伝を行うため、自分のブログにも短期間でユーザーが集まりやすく、一気に数万PVを獲得できることもあります。さらにYouTubeでゲーム実況を配信して、ブログとの連動性も高めましょう。

報酬の目安	1万PV1000円〜
月収の目安	月1000円〜 20万円
労働時間の目安	1か月〜
書く時間帯	朝・昼・夜・土日

※1：ゲームの画面や映像は著作物であり、基本的には許諾を受けずに公開するのは違法です。各ゲームメーカーはガイドラインを定めていますので、必ず確認してください。

ゲーム攻略レビューをはじめるには？

① 大手企業が発売するゲームを事前に調査します
② ブログを作成し、広告掲載の審査などを受けておきます
③ 発売前に攻略の概要を投稿しておきます
④ 発売後に投稿済みの記事を更新し続けます
⑤ 更新と同時にTwitterやInstagramでも発信します
⑥ テクニカルなプレイはYouTubeで配信します

必要なスキルやコツは？	ポイントアドバイス
企業が開発中のゲームタイトルを事前にキャッチして、発売前に「攻略」「武器」「モンスター」「イベント」「裏技」などの主要キーワードで記事を投稿しておくと、検索にヒットされやすくなります。 また、ソーシャルゲームはブログ、YouTube、SNSで配信、スーパープレイや子供向けゲームはYouTubeのみで実況するといった、配信場所の使い分けも大切です。	○ スマホゲーム市場は数年先も伸びると予測されている ○ ゲームライターとして1記事500円の受注型もできる ○ 海外ではゲームの攻略配信で年に数千万円稼ぐ人もいる × 競争激化でヒットするゲームの見極めが重要である × YouTubeではゲーム実況者が増えて、収益性が鈍化

ゲーム攻略レビューで本気で稼ぐなら、市場分析、デジタルマーケティング、ライティングや動画編集の知識が求められます。逆にそれらのスキルを得るために、副業ではじめることも有効です。

 書く副業

14	アンケートモニター・商品モニター	稼ぎやすさ ▢▢▢▢▢ 働きやすさ ▢▢▢▢ 難度の低さ ▢▢▢▢ 人気の高さ ▢▢▢▢

▶ 商品やサービスを試してアンケートに回答する副業

　アンケートモニターや商品モニターは、商品やサービスを使ってみて、そのアンケートに答えると謝礼がもらえる副業です。アンケートの回答方法には選択式や記述式、写真撮影があります。食品なら味やパッケージ、健康器具なら使い心地や満足度、デジタル機器なら使用感について、感想や意見を述べます。報酬は内容次第で1回1円〜3000円相当のポイントをもらうことになり、それを口座振込、ギフトカードへ交換、提携先のポイントに振り替えるシステムです。

報酬の目安	1件1円〜3000円
月収の目安	月1000円〜3万円
労働時間の目安	1分〜
働く時間帯	朝・昼・夜・土日

📋 アンケートモニター・商品モニターをはじめるには？

1. アンケート会社やリサーチ会社に登録します
2. 自分の好みや趣味を登録して、参加申請をします
3. 個人の登録内容に適したアンケートが送られてきます
4. そのアンケートに答えるとポイントが貯まります
5. 貯まったポイントは現金や商品と交換できます

　基本はスマホで回答します。ただし、座談会や現地調査をするタイプもあり、その場合は報酬が数千円に達します。

必要なスキルやコツは？	ポイントアドバイス	
各アンケート会社から提供されるアンケート数には限りがあります。仮に1社に登録しただけでは、アンケート依頼が毎日来ることはなく、月数百円程度の稼ぎにとどまるでしょう。そのため、報酬を増やしたい人は、複数のアンケート会社に登録して多くのアンケートに回答し、数をこなします。また、最初の会員登録時に興味がある項目に多くチェックすると、アンケートの配信数が増えたりします。	○	リスクゼロで気軽にお小遣いを稼ぐことができる
	○	感想であるために難しいスキルがいらない
	○	スキマ時間に在宅でできる
	✕	いくら稼いでも最高で月1万〜3万円程度
	✕	将来につながるスキルは得られない

副業調査では人気上位に入るアンケートモニター。ただ、効率的に稼げる副業ではなく、何かのスキルが向上するわけでもありません。一時的なものと割り切って行うか、もしくは高単価案件のみに応募するようにしましょう。

描く副業

稼ぎやすさ	■■■□□
働きやすさ	■■■■□
難度の低さ	■■■□□
人気の高さ	■■■■■

15 イラストレーター

▶ 挿絵から看板まで！ あらゆるイラストを制作する副業

企業　クラウドソーシングサービス　個人

依頼　依頼　依頼

挿絵　書籍　ポスター　チラシ　Tシャツ　ロゴ　バナー　ソシャゲ　4コマ　パッケージ　etc…

　イラスト制作のスキルを発揮できる案件は多々あります。挿絵、ロゴ、バナー、チラシ、ポスター、パンフレット、パッケージ、看板、Tシャツ、キャラクター、4コマ漫画、ソシャゲなど、一部の企業はクラウドソーシングサービス経由で割安な個人に発注しています。これは大手企業から個人が受注できるチャンスであり、一度でもクライアントに気に入られると、案件が継続しやすいことも特徴です。また、副業の中でも在宅で好きな時間に作業できるために人気の職種です。

報酬の目安	1点500円〜
月収の目安	月1万円〜10万円
労働時間の目安	2時間〜
働く時間帯	朝・昼・夜・土日

📋 イラストレーターの単価は？

　　クラウドソーシングサービスには、1点500円〜数万円の案件まで揃っており、自分のスキルに見合った案件に応募できます。実際の作業時間が1時間〜2時間でも、ヒアリング、ラフ案の提出、納品後の修正を含めると、その倍以上の時間がかかります。

案件例	報酬	作業時間の目安
ライトノベルの挿絵10点	3万円	20時間〜30時間
タイヤメーカーのロゴ	5万5000円	1日〜2日
タイルコーティング会社のチラシ	2万7000円	10時間〜20時間
お化け屋敷入口の看板	10万円	10日〜30日
ソシャゲのキャラ30点と武器200点	220万円	3か月〜6か月

必要なスキルやコツは？	ポイントアドバイス

クラウドソーシングサービスにはイラスト案件が常時2000以上ありますが、イラストレーターも多いため、競争が激しいです。実績がない人は、最初は1点1000円程度で請け負って、クライアントから「価格の割に品質がいい」と高評価をもらいましょう。この積み重ねで徐々にネームバリューと単価を上げる方法が王道です。逆に実力と実績があるなら安請け合いはせず、高単価の案件だけを獲得します。

〇 スキルが高い人ほど作業時間が短く割に合う

〇 在宅のみですべてが完結する

〇 大手企業から受注した案件は個人の実績になる

✕ 競合が多くて継続的な受注が難しい

✕ 納期が厳しいために融通が利かないこともある

イラストレーターは企業内では評価されにくい傾向もあり、本業の平均年収は低めです。しかし、副業では時給換算で2000円以上になるなど、個人が稼ぎやすいフィールドが広がっています。

書く副業

イラストレーター

稼ぎやすさ ☐☐☐☐☐
働きやすさ ☐☐☐☐☐
難度の低さ ☐☐☐☐☐
人気の高さ ☐☐☐☐☐

16 ロゴ・マーク・アイコン制作

▶ 企業のロゴをデザインする！マークやアイコンの案件も多数あり

　デザイン案件の中でもロゴやマーク制作は、副業初心者がはじめやすいです。基本的にコンペ方式であり、クライアントは多数の提案の中から、最も要望に合う作品を選んで、その人に報酬を支払います。バナー制作やチラシ制作のように、クライアントの意向で何度も修正するような手間が発生することは少ないです。また、ロゴやマーク制作でも単価が低い案件では、デザイン事務所やトップランサーといった第一線で活躍するデザイナーと競合になる確率が低く、受注できるチャンスがあります。

報酬の目安	1点1万円〜 5万円
月収の目安	月1万円〜 10万円
労働時間の目安	1時間〜
働く時間帯	朝・昼・夜・土日

ロゴ・マーク・アイコン制作の単価は？

案件はクラウドソーシングサービスやスキルシェアサービスで見つかります。単価はロゴやマーク制作が1万円〜5万円、アイコン制作は数によりますが1万円前後です。

案件例	報酬	数量
炭火焼肉店の店名ロゴ制作	2万円	1点
新規オープンする鍼灸院のロゴデザイン制作	3万円	1点
女性向けファッションECサイトのロゴマーク制作	5万円	1点
地図アプリ（Android・iPhone）のアイコンデザイン	1万円	2点
SNS（Instagram・Twitter・Facebook）の挿入アイコン	1万円	3点

必要なスキルやコツは？

ロゴデザイナーを副業でスタートするには、クラウドソーシングサービスに会員登録をして、過去のコンペで採択されたロゴを参考にしてみましょう。そのほとんどがクライアントの提案内容に沿っており、クライアントの公式サイトにマッチしているデザインです。また、ロゴやアイコンはAIが自動生成してくれるツールもあるため、一度それで作成してからカスタマイズするなど、効率性も重視します。

ポイントアドバイス

⭕ 1個数万円の報酬になる

⭕ デザインジャンルの中では競合がそこまで強くない

⭕ コンペ方式であれば、やり直しが発生しない

❌ 1つのコンペに多数の応募があり、作り損がある

❌ 制作時間を短くしないと割に合わない

クラウドソーシングサービスでは、実績と評価が案件獲得につながりますが、ロゴ制作のようなコンペ方式では過去の経験はそこまで関係ありません。コンペで受注実績を積み上げましょう。

ロゴ・マーク・アイコン制作

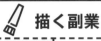 描く副業

稼ぎやすさ	☐☐☐☐☐
働きやすさ	☐☐☐☐☐
難度の低さ	☐☐☐☐☐
人気の高さ	☐☐☐☐☐

17 バナー広告制作

▶ スキルが高い人ほど作業時間が短くて済む！ コスパが上がっていく副業

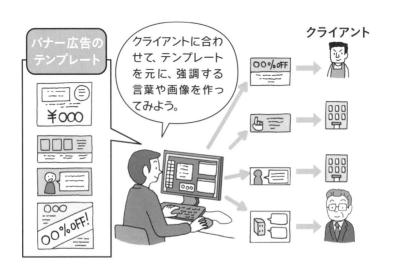

　　ウェブページに入れるバナー広告は、見込み客を商品ページに誘導する役割があり、そのクオリティ次第で商品ページのPVは大きく変化します。ただ、バナー制作の難度はそこまで高くなく、テンプレートをベースに作業します。案件もクラウドソーシングサービス上に多数掲載されているため、デザイン系の中でもはじめやすい副業です。初心者は納品までに1日がかりですが、上級者はラフ、ライティング、素材制作、レイアウト、配色・装飾、仕上げを1時間以内に完了できるため、工数が少なくコスパは高いです。

報酬の目安	1点3000円〜 5万円
月収の目安	月1万円〜 10万円
労働時間の目安	1時間〜 2時間
働く時間帯	朝・昼・夜・土日

70

📋 バナー広告制作の単価は？

単価は1点3000円〜5万円です。基本的にはクライアントからバナーに使用するパーツ画像、コピー、テキストが送られてきますが、高単価の案件ではコンセプトのみを指定されて、あとは自由に設計することもあります。

案件例	点数	報酬
記事内誘導バナー	2点	5000円
公式サイトトップのメインビジュアル	1点	2万円
リマーケティング広告用バナー	6点	5万円
SNS広告画像セット	10点	10万円
アプリのカルーセルバナー	30点	24万円

必要なスキルやコツは？	ポイントアドバイス
必要なツールは画像のトリミングや色調補正をするAdobe Photoshop、図やイラストの加工ができるAdobe Illustrator、それらが動作するハイスペックパソコンの3点です。未経験者でも1か月〜2か月間の独学で簡単なバナーは作れるようにはなります。さらにバナー素材やテンプレートも仕入れておくと、作業効率が高まります。また、受注単価を上げるには地道に高評価を得ながら、コピーライティングができると有利です。	○ 作業時間の割に単価が高い ○ 同じクライアントからの継続案件あり ○ 在宅で好きな時間に作業できる ✕ 案件数の割に競合が多くて受注しにくい ✕ クオリティで他者と差別化しにくい

バナー広告制作で高評価を受けるようになることは、お客さま視点で制作物が作れるようになっていることを意味します。このスキルをウェブデザイン全般、パンフレットやパッケージデザインなどに展開していきましょう。

描く副業

稼ぎやすさ	☐☐☐☐☐
働きやすさ	☐☐☐☐☐
難度の低さ	☐☐☐☐☐
人気の高さ	☐☐☐☐☐

18 チラシ・ポスター・パンフレット制作

▶ 1枚1万～10万円！ 高評価なら企業から継続的に案件を受注できる

　広告代理店やデザイン会社に依頼すると、ディレクション、デザイン、コピーライティング、原稿制作で20万円～50万円はかかり、別途撮影代、修正代、印刷代が上乗せされます。それがクラウドソーシング経由で委託すると、1万円～20万円になるため、中小企業は個人に発注するようになりました。チラシやポスターの目的は集客であり、他のデザイン案件よりもクライアントの意図が明確です。ここで高評価を受けると、クライアントから継続的に受注できる可能性が高まります。

単価の目安	1枚1万円～20万円
月収の目安	月1万円～20万円
労働時間の目安	3時間～
働く時間帯	朝・昼・夜・土日

チラシ・ポスター・パンフレット制作の単価は？

　紙媒体の制作案件はクラウドソーシングサービスで見つかります。相場はチラシが1万円〜5万円、ポスターが2万円〜10万円、パンフレットが3万円〜20万円です。

案件例	報酬	サイズ
親子向けオンライン英会話のチラシ	1万円	A4片面カラー
高級感ある空間デザインのチラシ	3万円	A3両面カラー
交通事故専門の整骨院のポスター	4万円	A1カラー
司法書士事務所の相続手続きパンフレット	7万円	A4三つ折りカラー
フィットネスクラブ新規店舗のパンフレット	11万円	A4三つ折りカラー

必要なスキルやコツは？

受注時は制作物のターゲットを理解することからはじまります。企業から掲載内容を受け取ったら、ターゲットを意識した視線の動き、配色、グリッドでレイアウトを作成し、いかにメリハリのあるデザインに仕上げるかがポイントです。また、チラシやポスターはある程度パターンが決まっていますが、最初にクライアントにいくつか例を提示すると、イメージとの乖離が発生しにくく、修正作業も抑えられます。

ポイントアドバイス

○	1件あたりの単価が1万円〜20万円と高い
○	在宅で好きな時間に作業ができる
○	受注した実績が個人のポートフォリオとなる
×	他のデザイン案件よりクライアントの目が厳しい
×	修正作業が発生しやすく、納期もきつくなる

クラウドソーシングサービスでは初心者は下積み期間が必要です。あえて低単価の案件をこなして、実績と評価を増やすことで、ようやく高単価の案件を獲得できるようになります。

稼ぎやすさ	▦▦□□□
働きやすさ	▦▦□□□
難度の低さ	▦▦▦□□
人気の高さ	▦▦▦□

19 商品パッケージ・案内図・看板制作

▶ 受注金額は1件1万円〜10万円！商業施設からオファーが舞い込む副業

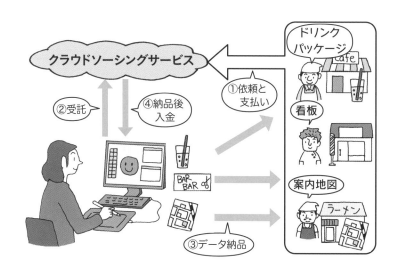

　アイスコーヒーのパッケージデザインから、新規オープンするとんかつ店の案内図、賃貸マンションのWi-Fi無料をアピールする看板まで、顧客の要望を汲み取って、形にする副業です。納品物はAdobe IllustratorやPhotoshopによるデザインデータのみであり、パッケージや看板の実物制作は、顧客が別の会社に委託するケースがほとんどです。受注単価は1件1万円を超えており、看板なら店頭看板、スタンド看板、のぼり旗のようにサイズ違いを納品することで、1件5万円〜10万円に達します。

報酬の目安	1件1万円〜10万円
月収の目安	月1万円〜20万円
労働時間の目安	2時間〜
働く時間帯	朝・昼・夜・土日

パッケージ・案内図・看板の単価は？

パッケージは1万円〜3万円であり、キャラクター込みでは3万円〜5万円です。案内図は1万円〜5万円、看板は1万円〜10万円になります。

案件例	種類	報酬
お菓子工房の商品パッケージ	1点	3万円
弁護士事務所の案内地図	1点	4万円
ホテルチェーンの案内図	26点	20万円
美容室の壁掛け看板と置き看板	2点	1万円
ドッグサロンの店頭看板	2点	9万円

必要なスキルやコツは？

クラウドソーシングサービスには1件3000円のような割に合わない案件も多数登録されています。しかし、会員登録したばかりの初心者こそ、このような低単価案件を受注しましょう。いくら腕に自信があって、自己紹介やポートフォリオを華やかにしても、実績、評価、完了率がゼロの状態では信頼性が低く、高単価の案件は受注できません。最初は下積み期間を設けたほうが、長期的にはうまくいきます。

ポイントアドバイス

○ 単価が1万円〜10万円とかなり高い

○ データで受け渡しのため、在宅のみで完結する

○ 本業では請け負わない顧客や案件に出会える

✕ コンペでは採用されないと作り損になる

✕ 高単価案件ほど修正作業が発生しやすい

制作した商品パッケージや現地の看板を実績としてSNSで公開すると、次のお客さまを呼び込むきっかけになります。副業は単発の報酬のみではなく、セルフブランディングに利用しましょう。

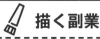 描く副業

	稼ぎやすさ	□□□□
	働きやすさ	□□□□
	難度の低さ	□□□□
	人気の高さ	□□□□

20　DTPオペレーター

▶ デザイン案をデータ化する在宅副業！クラウドソーシングで受注する

> アキを調整して、
> フォントサイズを揃えて、
> 配色に統一感を
> 持たせて…。

　　DTPオペレーターとは、デザイナーが制作した原案を受け取り、そこからパソコン上でレイアウトを調整したり、文章校正や画像加工を行い、実際の印刷用データに仕上げる仕事です。パソコン1台で仕事が完結するため、在宅副業に向いています。また、厳密にはデザイン案をデータ化するのみですが、デザインスキルがある人はグラフ作成なども任されて報酬がアップします。主に案件はクラウドソーシングサービスで見つかりますが、繁忙期には短期アルバイトも募集されています。

報酬の目安	1件1000円～ 5万円
月収の目安	月1万円～ 10万円
必要時間の目安	4時間～ 8時間
働く時間帯	朝・昼・夜・土日

📋 DTPオペレーターの単価は？

　クラウドソーシングサービスにはDTPというカテゴリがあり、常時案件が募集されています。ただし、デザイナーとDTPオペレーターの境界はあいまいで、両方のスキルが要求されることもあるため、内容をよく確認しましょう。

案件例	報酬
Illustratorでグラフと図表の作成	1点800円
手書きデザインのデータ化	1ページ1500円
PDFパンフレット作成	4ページ5万円

必要なスキルやコツは？	ポイントアドバイス
雑誌やチラシなどの媒体によって使用ソフトは変わるものの、AdobeのIllustratorやPhotoshop、InDesignのスキルは必須です。また、デザイン知識がある人がはじめてDTPオペレーターをするときは、一般的な印刷物の知識であるCMYKカラー、特色インク、画像解像度、印刷方式、紙質の違いによる色の出方、さらにフォントサイズや線幅、文字詰めといったDTP特有のルールも理解しましょう。	○ 在宅でスキマ時間に報酬が稼げる ○ 黙々と細かい作業ができる人に向いている ○ 長期的にできる仕事である ✗ 作業時間の割には単価が低い仕事もある ✗ 常に納期に厳しい傾向がある

副業では競合が多くて案件獲得が難しいこともあります。そういうときはDTPエキスパートや色彩検定の資格を取得するなど、アピールポイントの差別化が有効です。

DTPオペレーター

描く副業

21 LINEスタンプ販売

稼ぎやすさ ☐☐☐☐☐
働きやすさ ☐☐☐☐☐
難度の低さ ☐☐☐☐☐
人気の高さ ☐☐☐☐☐

▶ 一度制作して登録したら売れるたびに収入が発生する

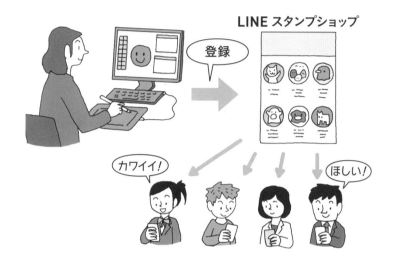

　自作のスタンプをLINE Creators Marketに登録することで、LINE STOREで販売できるようになります。スタンプが1個売れると、販売価格からAppleやGoogleの手数料が引かれ、残りの50％がクリエイターに分配される仕組みです。

　手描きのイラストをスマホで撮影してスタンプ化したり、写真をスマホアプリで加工してスタンプにすることもできるため、以前より技術的なハードルが下がり、初心者でも気軽にはじめられるようになりました。

報酬の目安	販売価格の35%
月収の目安	月1000円〜 3万円
労働時間の目安	4時間〜
働く時間帯	朝・昼・夜・土日

📋 LINEスタンプ販売をはじめるには？

① LINE Creators Marketで個人情報や銀行口座を登録します
② スタンプ画像、メイン画像、トークルームタブ画像を作ります
③ 画像をアップロードして、タイトルや説明文も記入します
④ 審査が通ると販売がスタートします
⑤ 報酬が一定額を超えると、指定の銀行口座に入金されます

　スタンプには通常スタンプ、アニメーションスタンプ、絵文字、着せかえなどがあり、価格設定もできます。

必要なスキルやコツは？	ポイントアドバイス	
人気のスタンプを作るには、ターゲットを絞り、利用機会を考えて、魅力的な絵を書くことです。単純に絵がうまいだけでは売れません。 次にLINEスタンプには50項目以上のガイドラインがあり、その審査に通ることが最初の関門になります。画像全体のクオリティ、テキストの内容、ビジネス性の有無、露出度や暴力性などのモラル、商標権や肖像権などを細かくチェックされます。	○	一度作ってしまえば、あとは自動的に売れていく
	○	初心者でも月に数百円の売上は難しくない
	○	ヒットすると月に数万円が継続的に入ることもある
	✕	公式や競合が増えすぎていて、以前よりも売れにくい
	✕	せっかく作っても1個も売れないことがある

イラスト制作のスキルがある人には、一度は挑戦したい副業です。企業からの依頼ベースではなく、自分で需要があるマーケットを分析して、顧客のニーズに合った商品作りが経験できます。

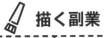 描く副業

稼ぎやすさ ☐☐☐☐☐
働きやすさ ☐☐☐☐☐
難度の低さ ☐☐☐☐☐
人気の高さ ☐☐☐☐☐

22 キャラクター作成

▶ 1件数万円の報酬！ クライアントは販促に力を入れる企業や自治体

ゲームの登場キャラクターを描いてほしい。

Ｖチューバーになりたいので、自分のキャラをお願い。

リスのキャラをお店のパンフレットに入れたい。

お菓子の包装に動物のキャラクターを使いたい。

依頼

　ゼロから新しいキャラクターを生み出し、絵のスキルに加えて作者のセンスが求められる仕事です。オンラインゲームやゲームアプリの人気で案件数が増えており、クラウドソーシングサービス上でも「キャラクターデザイン」というカテゴリができています。

　また、キャラクターマーケティングを重視する企業や自治体からの依頼、店舗のチラシや看板に使うオリジナルキャラクターの制作、さらにVチューバーに必須のアニメキャラの配信もあり、継続的な需要が期待できます。

報酬の目安	1件1万円～ 10万円
月収の目安	月1万円～ 20万円
労働時間の目安	3時間～
働く時間帯	朝・昼・夜・土日

キャラクター作成の単価は？

　単価は1件1万円〜10万円であり、挿絵のような一般的なイラストレーターの案件に比べて10倍以上の報酬です。その分、精密な作画デザインが要求されますし、クライアントへのヒアリングから入るために作業工数の見極めも必要です。

案件例	数量	報酬
オンラインゲームのキャラデザイン	50体1カット	50万円
Vチューバーのアニメキャラ作成	2体3カット	20万円
教材のネコの挿絵キャラ作成	1体5カット	1万円
病院のオリジナルキャラデザイン	3体1カット	9万円
街のPR大使を担う萌えキャラ	1体8カット	30万円

必要なスキルやコツは？

技術面ではPhotoshopやClip Studio Paintなどのグラフィックソフトを使えることが前提であり、クライアントからイメージやコンセプトを汲み取るヒアリング力も必要です。高性能パソコンやペンタブレット、素材集も欠かせません。Vチューバーではキャラデザインをモデリングするツールも使います。著作権はクライアントに譲渡しますが、デザイナーとして名前を載せてもらえる交渉はできます。

ポイントアドバイス

○ 単価が高く長期で受注できる

○ 在宅ですべての作業が完結する

○ 大企業や自治体案件は大きな実績になる

✕ 高単価案件は競合が強くて受注できない

✕ キャラクターの創造にかなり時間を割くことがある

大企業や自治体案件でも年齢、学歴、資格は不問。スキルのみが求められる副業です。事前にポートフォリオを充実させて、簡単な案件で実績と評価をある程度上げておくと、受注しやすいです。

稼ぎやすさ ☐☐☐☐☐
働きやすさ ☐☐☐☐☐
難度の低さ ☐☐☐☐☐
人気の高さ ☐☐☐☐☐

23 漫画家

▶ 商業誌に連載する以外にも稼ぐ手段はある！ 副業で月10万円を目指す

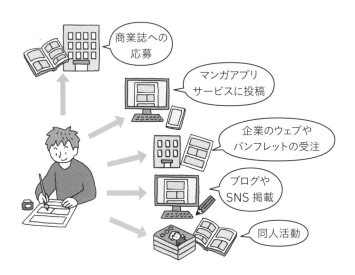

商業誌への応募

マンガアプリ
サービスに投稿

企業のウェブや
パンフレットの受注

ブログや
SNS 掲載

同人活動

　会社員と漫画家の両立はできます。週刊誌の連載はさすがに厳しくても、読み切り作品であれば副業の前例がありますし、漫画アプリの公式作品では固定給とインセンティブで報酬が受け取れます。一方、副業では漫画制作を受注することもできます。企業のウェブ宣伝用やパンフレットで需要があり、クラウドソーシングサービスでも漫画制作やイラスト制作の案件が豊富です。また、個人でブログ掲載やSNS掲載を展開して広告収入を得たり、電子書籍化や同人活動で販売することもできます。

報酬の目安	1コマ1000円〜 3000円
月収の目安	月0円〜 100万円
労働時間の目安	1日〜
働く時間帯	朝・昼・夜・土日

漫画家の単価は？

案件例	報酬
読み切り作品の原稿料	モノクロ・1ページ3000円〜2万円
単行本やコミックの印税	売上の10%
漫画アプリ連載	月10万円〜20万円＋インセンティブ
企業ウェブ宣伝用	カラー・1ページ1万円〜3万円
マンガ制作受注	モノクロ・1コマ1000円〜3000円

　　自分のブログに漫画を掲載する場合は、読者が広告をクリックすると報酬になるクリック型広告や、商品を購入すると報酬になるアフィリエイト広告が一般的です。

必要なスキルやコツは？	ポイントアドバイス
商業誌と漫画アプリ掲載は新人賞に応募して、上位賞を獲ることが連載や書籍化につながります。ただ、今はブログ、Twitter、Instagramにマンガを投稿し続けて、共感から5万人や10万人のたくさんのフォロワーが集まり、それを見た企業から商品プロモーションのオファーが来るといった流れができあがっています。会社員の副業としてはそのほうが時間に無理がなく、チャンスも大きいです。	◯ 作画が速ければ時給換算で1500円以上になる ◯ インフルエンサーになって企業とコラボできる ◯ 在宅にて好きな仕事で報酬が得られる ✕ 漫画に人気が出なければ報酬は0円 ✕ 1つの作品を完成させるまでに時間がかかる

今の社会では収入や安定を求めることも大切です。そのため、自分が本当にやりたい仕事と、現在やっている仕事が違うこともよくあります。安定のために漫画家を諦めた人も、副業で実現させましょう。

描く副業

稼ぎやすさ	☐☐☐☐☐
働きやすさ	☐☐☐☐☐
難度の低さ	☐☐☐☐☐
人気の高さ	☐☐☐☐☐

24 デジタル絵本作家

▶ デジタルで自己負担0円！ 自由な創作活動で副収入を稼ぐ

紙の自費出版では50万円はかかりますが、デジタル絵本ならスマホやタブレットで読むため、印刷代はかかりません。コストは自分の作業時間のみです。販売先は電子書籍サービスのAmazon Kindle、楽天Kobo、Apple Booksなどで、収入は売上の35％〜70％になります。デジタル絵本ならではの要素は、絵をアニメーションで動かしたり、効果音を入れる、読者に選択肢をタップさせてストーリーを変えたりと、紙の絵本とは違った楽しみ方を提供できることです。

報酬の目安	1冊100円〜
月収の目安	月0円〜20万円
労働時間の目安	1か月〜
働く時間帯	朝・昼・夜・土日

📋 デジタル絵本制作をはじめるには？

① ストーリーを考えて、ページごとに絵を描きます
② 電子書籍サービスに会員登録し、専用ソフトをインストールします
③ 専用ソフトで絵本用の画像データと文字データを作成します
④ 電子書籍サービスに絵本を登録して、価格を設定します
⑤ 審査が通ると販売開始されます

　デジタル絵本は世界中で創作されているため、人気のデジタル絵本を見てみることからはじめましょう。はじめて制作したデジタル絵本でAmazonのジャンルランキング1位になった人もいます。ちなみに販売価格は50円〜200円が相場です。

必要なスキルやコツは？	ポイントアドバイス	
紙の絵本と同じく、無名の個人作家がデジタル絵本を出版しても、購入してくれる人は皆無です。事前にSNSでファンを獲得してから出版したり、販売前でも途中まで読めるようにしたり、一定期間は無料公開をしてレビューを集めるといった戦略も必要です。また、複数の電子書籍サービスで販売するために、最初から共通フォーマットで作成すると、修正する手間がかかりません。	○	作品の完成後は手を動かさずとも印税が入る
	○	経費や在庫がなく、リスクがない
	○	締め切りがなく自分のペースで作業できる
	✕	高価格では売れず、収入の保証はない
	✕	仕掛けがないと売れにくくなっている

本業ではなく副業だからこそ安心して取り組める職種です。それでも売上目標は設定して、売れる仕組みを練りましょう。1冊の絵本より、複数の絵本を定期出版したほうが、売れやすい傾向もあります。

描く副業

25 絵画・アート作品販売

稼ぎやすさ	☐☐☐☐☐
働きやすさ	☐☐☐☐☐
難度の低さ	☐☐☐☐☐
人気の高さ	☐☐☐☐☐

▶ アートで食べていくことはプロでも難しい！副業ならリスクゼロで実現

専業で画家や芸術家をしている人はごくわずかです。公務員、非常勤職員、講師、デザイナーをしながら創作活動を続け、ギャラリーや雑貨店などで作品を販売しています。しかし、現在は本業で会社員をしながら副業でアート作品を販売する人が増えています。その理由は絵画販売サービス、ハンドメイド販売サービス、絵画レンタルサービスで作品を無料で登録でき、多くの人の目に触れる機会が増え、収入にできる確率が高くなったからです。

報酬の目安	1点1万円〜
月収の目安	月0円〜 20万円
労働時間の目安	2週間〜
働く時間帯	朝・昼・夜・土日

絵画・作品販売をはじめるには？

　稼ぎ方は「創作済みの作品を販売する」と「クライアントから受注する」があります。いずれも登録から販売まではスマホ1つで完結できます。創作済みの作品を販売する場合は、次のような手順になります。

① 絵画販売サービスやハンドメイド販売サービスに会員登録します
② アート作品を登録して、内容が確認されると販売が開始されます
③ アート作品が購入されたら、梱包して発送します
④ 購入者が作品を受け取り、評価します
⑤ 指定の口座に売上から手数料を引いた金額が振り込まれます

　他にもフリマアプリ、ネットオークション、ネットショップ、Instagram、Twitter経由でも販売できます。

必要なスキルやコツは？	ポイントアドバイス	
クオリティの高い作品を描くことが前提ですが、マーケティングスキルも欠かせません。自分が描きたいものではなく、市場が買いたいものが価値ある作品です。どのような作品が売れているかを調べて、そのコンセプトに沿って創作活動を進めましょう。同時に集客も必要です。SNSで創作プロセスを公開したり、テクニックをわかりやすく解説するなどで、自然とファンが増えていきます。	○	1点数万円で売れて、有名になるほど単価が上がる
	○	好きな時間に好きなことを続けられる
	○	生活費を別に稼ぐことで、逆にアートに集中できる
	×	画材で収支がマイナスになる可能性がある
	×	利益を重視すると、創作活動の楽しみが減る

サブという概念の副業より、複数の本業を持つという意味の複業という概念に適した職種です。収入の多寡に関係なく、どちらの本業も熱意を注げる職種であることが複業を続けるポイントです。

描く副業

稼ぎやすさ	☐☐☐☐
働きやすさ	☐☐☐☐
難度の低さ	☐☐☐☐
人気の高さ	☐☐☐☐

26 デザインデータ修正

▶ デザインデータをすぐに修正する副業！ 緊急性が高いから報酬も上がる

Photoshop・Illustrator・HTML&CSS。依頼に合わせて何でも対応できるようにしよう。

どんなファイル形式のデザインデータも修正

急募！

ウェブサイト

パンフレット、チラシ、etc.

　社内デザイナーが辞めてしまい既存デザインを変更できなかったり、社外デザイナーとの連絡が途切れて発注できないといった企業が、クラウドソーシングサービス上でデザイナーを急募することがあります。簡単な案件では「バナーの色味と文字を変更する」などで、デザイナーから見ると1分で対応できるものも報酬は1万円です。他にも「A4サイズ・8ページのパンフレットをB5サイズ・12ページに変える」など、多くの工数がかからなくても、緊急性を要する案件の報酬は10万円に達します。

報酬の目安	1件1000円〜10万円
月収の目安	月1万円〜20万円
労働時間の目安	1時間〜
働く時間帯	朝・昼・夜・土日

📋 デザインデータ修正の単価は？

　定期的にクラウドソーシングサービスを見ていると、よく「急募」というタイトルの案件が掲載されています。割に合う案件が多いため、積極的に応募してみましょう。

案件例	報酬
バナーの色味と文字を変更する	1万円
ロゴデザインとヘッダーを変更する	4万円
女性向けシェーバーのパッケージを制作する	5万円
既存カタログのサイズを変更する	12万円
トップページのデザインをリニューアルする	25万円

必要なスキルやコツは？	ポイントアドバイス
クライアントは信頼できてスピード感を持ったデザイナーを探しています。そのため、プロフィールには業務実績、保有スキル、ポートフォリオを明記し、「3時間以内に返信」や「24時間以内に納品」と発信することがアピールになります。また、クライアントにデザイン知識がない可能性が高いため、完成画像データのみで、変更ができるIllustratorのaiファイルなどがないことや、書体がアウトライン化されて変更できないファイルであることも想定しましょう。	◯ 作業にかかる時間の割に報酬が高い ◯ 在宅のみで作業が完結する ◯ 納品後のリピーター率が高め ✕ 想定より修正箇所が多数あったりする ✕ 納期が厳しいことが多い

他人が作ったデザインデータを分析し、それを元に一段階クオリティの高い作品に仕上げることは難度が高いです。一方、スピードとクオリティのバランスが鍛えられるメリットもあります。

稼ぎやすさ	□□□□
働きやすさ	□□□□
難度の低さ	□□□□
人気の高さ	□□□□

27 ハンドメイド販売

▶ オリジナル作品が売れる！ 価格は原価の2倍〜 5倍でOK

ハンドメイド販売サービス／マーケットプレイス

センスを認めて
もらえる作品を
作ろう。

①商品を登録

④手数料を引いた
売上を入金

②購入

洋服や小物
などを制作

③支払い

　ハンドメイド販売では自分でアクセサリーや雑貨を手作りし、販売サービスのアプリやサイトに商品として登録します。手作り専用の販売サービスが登場してから急速に市場が広がり、特に女性に人気の副業になりました。ハンドメイド品には、洋服、家具、玩具、写真、花、さらには食べ物まで売ることができます。スキマ時間を有効活用できるとともに、自分の好きなことや趣味を生かして収入が得られるのは魅力的です。価格設定も自分次第であり、作品によって1点100円〜数万円の利益が見込めます。

報酬の目安	1点100円〜 3万円
月収の目安	月1万円〜 10万円
労働時間の目安	1時間〜
働く時間帯	朝・昼・夜・土日

ハンドメイド販売をはじめるには？

- ハンドメイド販売サービスに会員登録します
- ハンドメイドで商品を作ります
- 商品の値段を決め、掲載を開始します
- 利用者が商品を購入します
- 販売手数料が差し引かれた売上が振り込まれます

　ハンドメイド品は顧客の要望に沿って作るタイプもあります。こちらのほうが難度は高くなりますが、報酬は2倍以上に増えます。

必要なスキルやコツは？	ポイントアドバイス	
ハンドメイド販売は今や人気の副業のため、どのジャンルでもライバルが多数います。その中で自分の作品を買ってもらうには、商品以外でもクオリティを上げることが重要です。まずは商品写真の撮り方です。ユーザーは実物を触れないため、あらゆる角度から質感がわかる写真を登録します。さらに作品のネーミングや説明文にもこだわり、包装や手紙同封で高評価を受けると、徐々に購入者が増えていきます。	○	趣味と実益を兼ねた副業が実現できる
	○	材料や道具が安く、低負担ではじめられる
	○	学歴や資格不要でセンスとスキルで稼げる
	✕	時給換算では1000円に満たないこともある
	✕	趣味で出品している人との価格競争で負ける

趣味を副業化することでコスト意識が変わります。オリジナル作品の手作り感を保ちつつ、付加価値で売上を上げたり、作業効率化で生産性を上げることが、成功するポイントです。

稼ぎやすさ	☐☐☐☐
働きやすさ	☐☐☐☐
難度の低さ	☐☐☐☐
人気の高さ	☐☐☐☐

28 アクセサリー販売

▶ ピアスからネイルチップまで！ハンドメイドで人気の商品を売りまくる

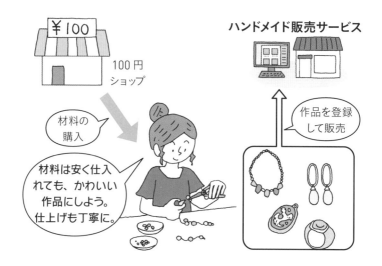

¥100
100円
ショップ

ハンドメイド販売サービス

作品を登録
して販売

材料の
購入

材料は安く仕入
れても、かわいい
作品にしよう。
仕上げも丁寧に。

　先に紹介したハンドメイド販売の中で最も人気があり、売れやすいジャンルが
アクセサリーです。ピアス、ネックレス、リング、ヘアピン、ネイルチップなど
種類も豊富。作り方はブログやYouTubeで無料公開されており、材料は100円
ショップで入手可能なものも多く、初心者がノーリスクではじめられる副業で
す。また、制作物でありながらノルマや納期がなく、趣味と実益を兼ねること
で、自分のペースで行えることから、本業が忙しい人でも取り組みやすいことが
魅力です。

報酬の目安	1点100円〜1万円
月収の目安	月1万円〜10万円
労働時間の目安	1時間〜
働く時間帯	朝・昼・夜・土日

アクセサリー販売をはじめるには？

　初心者はハンドメイド販売サービスを利用しましょう。ハンドメイド品を買い
たいユーザーが集まっています。そこでリピーターや固定客がついてきたら、
ネットショップにシフトします。また、カフェや雑貨などの実店舗に委託販売す
る人もいます。

販売先例	特徴
ハンドメイド販売サービス	ハンドメイド品が欲しいユーザーが集まっている。
フリマアプリ	大量のユーザーにアプローチできる。
ネットオークション	予想以上の価格で売れることがある。
ネットショップ	構築や集客の手間がかかるが、少額の手数料で済む。
フリーマーケット・イベント出店	お客さまとの会話を楽しみながら販売できる。

必要なスキルやコツは？

幅広い世代の女性に人気の副業のため、やみくもに作ってもライバルに埋もれてしまいます。季節感や流行を追うことはもちろん、風水学を取り入れたり、ラテン語を刻むなど、世界観や差別化を意識すると価格を上げることができます。さらにSNSで情報発信をしたり、梱包やアフターケアでも満足度を高めましょう。また、アクセサリーは身に着けるものであり、アレルギーや安全性には特に気を配ります。

ポイントアドバイス

○ 趣味と実益を兼ねた副業になる

○ 販路が豊富でステップアップできる

○ 在宅で、自分のペースで取り組める

× 差別化が難しく、まったく売れないこともある

× 故意でなくても著作権侵害に気をつける

最初は「フレンチブルドッグの小物専門」や「ウェディング用ピアス専門」のように、市場を絞ったほうが顧客ニーズに応えやすく、結果、顧客満足度が向上して売上に貢献してくれます。

稼ぎやすさ	☐☐☐☐☐
働きやすさ	☐☐☐☐☐
難度の低さ	☐☐☐☐☐
人気の高さ	☐☐☐☐☐

29 | パズル作家

▶ クロスワードパズルやナンクロを作成！ 難度高めの仕事

　パズルの種類は人気のクロスワードパズル以外にも、ナンクロ、ナンプレ、漢字パズル、イラストが描ける人は間違い探しや点つなぎ、なぞなぞや推理ゲームと豊富です。掲載先はパズル専門誌、新聞や雑誌の1コーナー、スマホアプリ、クイズ番組になります。在宅で自分のペースで仕事ができますし、本業にはできなくとも副業で好きな仕事が実現できることは魅力的でしょう。報酬はパズルの難度で大きく変わりますが、1件2000円～3万円が相場です。

報酬の目安	1件2000円～3万円
月収の目安	月1万円～10万円
労働時間の目安	1時間～
働く時間帯	朝・昼・夜・土日

📋 パズル作家をはじめるには？

① クラウドソーシングサービスに登録し、プロフィールを充実させます

② 企業の案件に応募したり、企業からの依頼を待ちます

③ 案件を受注して、チャットなどで要望を伺います

④ パズル制作は要望が細かいため、何度か編集・修正が発生します

⑤ 商品を納品して、企業から評価されたあとに報酬が受け取れます

　以前は出版社や専門誌に応募する、もしくは知人の紹介ではじめる人がほとんどでした。今はクラウドソーシングサービスで受注するスタイルが増えています。

必要なスキルやコツは？	ポイントアドバイス	
パズル作家は人気のある職業であり、クラウドソーシングサービス上では受注競争が起きています。案件を勝ち取るにはポートフォリオを提示し、企業に刺さる専門性をアピールしましょう。すでに経験があるなら「パズル専門誌に掲載多数」、クロスワードなら「時事ネタや育児ネタが得意」など、実績を重視します。最初は1件2000円程度の少額案件で高評価を獲得し続けると、次第に単価の高い案件も受注できます。	○	時給換算で2000円以上になることもある
	○	本人のスキルが増すほど効率的な副業になる
	○	場所を選ばずに好きな時間に作業ができる
	✕	案件数が少なく、常に受注できるわけではない
	✕	締め切り厳守であり、スピード感も求められる

プロのパズル作家でもパズル1本で食べていくことは難しいとされています。しかし、副業であれば話は別。1件1万円〜2万円の案件も多く、趣味と実益を兼ねた仕事ができます。

作る副業

稼ぎやすさ	☐☐☐☐☐
働きやすさ	☐☐☐☐☐
難度の低さ	☐☐☐☐☐
人気の高さ	☐☐☐☐☐

30 3Dデータ作成

▶ 部品設計や図面作成をクラウドソーシングで請け負う副業！1件数万円の報酬

3Dデータ作成は立体データを作る副業で、主にCGとCADに分かれます。CGは見た目が重視される映像・キャラクター・ゲームなど、CADは精密さが必須である機械設計や建築図面に用いられます。クラウドソーシングサービスでも3DCGや3DCADの案件は多く、例えば「マンションの内装イメージ用の3DCG制作」や「建物平面図からの3DCAD制作」などがあります。同じ3DデータでもCGとCADでは使用するソフトが異なり、CGはデザイン系、CADは工業系という位置づけです。

報酬の目安	1件3000円〜 30万円
月収の目安	月1万円〜 20万円
労働時間の目安	2時間〜
働く時間帯	朝・昼・夜・土日

3Dデータ作成の単価は？

クラウドソーシングサービスでは映像作品より、製品や建物の3Dデータ作成の案件が多いです。また、3Dプリンター用データの需要も伸びています。

案件	数量	報酬
ルアー製造用の3Dモデルデータの作成	1点	1万円～2万円
小中学生向け科学実験道具の3Dデータ作成	1点	4万円～5万円
キャラクターフィギュアの3Dプリンター用データ作成	1点	5万円～6万円
乳幼児向け遊具の3DCADデータ作成	3点	10万円～20万円
新築マンションの外観・内観パース制作	6枚	20万円～30万円

必要なスキルやコツは？

クラウドソーシングサービスでは自己紹介に「学歴」「経歴」「資格」「受賞歴」「業務範囲」「稼働時間」を載せます。ただ、3Dデータ作成は実力勝負の世界です。クライアントも文面よりポートフォリオを見ているため、過去の自分の作品をできるだけ登録しましょう。活躍しているクリエイターもポートフォリオが充実しています。また、質の高い作品のみではなく、報酬1万円の作品も価格面で参考になります。

ポイントアドバイス

○ 1点数万円で受注できる

○ 本業と副業でスキルをブラッシュアップできる

○ 在宅で業務が完結する

✕ 高単価案件は業者が受注してしまう

✕ 相応のスキルが必要で、使用するソフトも高い

3Dデータ作成を依頼するクライアントは知識があるため、齟齬が生まれにくいです。ただ、追加依頼も多いため、料金体系を明確にしておいて、トラブルの発生を防ぎましょう。

作る副業

稼ぎやすさ	☐☐☐☐☐
働きやすさ	☐☐☐☐☐
難度の低さ	☐☐☐☐☐
人気の高さ	☐☐☐☐☐

31 フォトグラファー

▶ 好きな写真撮影で稼ぐ！ 報酬は1件あたり5000円～ 2万円が相場

写真撮影／スキルシェアサービス

③サービスを通して受注

⑤手数料を引かれた金額が入金

②支払い

①フォトグラファーを指定して依頼

家族写真を撮ってほしい

④打ち合わせ後、指定日時に撮影

フォトグラファー　　　　　　依頼者

　写真撮影にこだわりがある会社員や主婦の間では、スキマ時間を利用しながらフォトグラファーの案件を受注して、副収入を得ている人たちがいます。特に七五三、結婚式、誕生日では写真家に撮ってほしいニーズが高まります。

　さらに企業や団体からの依頼もあります。新商品や新メニューの撮影、イベントや展示会の撮影、マラソン大会やゴルフ大会などのアマチュアスポーツの撮影、取材カメラマンとしての同行依頼などです。

報酬の目安	1件5000円～ 2万円
月収の目安	月1万円～ 10万円
労働時間の目安	1時間～
働く時間帯	昼・夜・土日

98

 **フォトグラファーをはじめるには?**

- 写真撮影サービスやスキルシェアサービスに会員登録します
- 個人情報やポートフォリオを入力します
- 宣材写真専門やスポーツ専門のように絞ったほうが受注しやすいです
- 顧客より依頼が来て、撮影日時と内容を調整します
- 現地で撮影をして、データを納品すると報酬が振り込まれます

必要なスキルやコツは?	ポイントアドバイス	
報酬は1件あたり5000円～2万円が相場です。例えば、10月下旬～12月上旬の七五三のシーズンに、家族写真の撮影を1件1万円で受注し、1日2件を月4回受けると、月8万円の副収入になります。撮影時間は1時間程度ですが、予定調整、事前準備、写真選別、提案、写真加工の時間も確保しましょう。また、最初は低単価案件で実績を作ったほうが、結果的に長期的な収入増につながりやすいです。	◯	時給換算で2000円～2500円は獲得できる
	◯	本人のスキルと実績が増すほど単価がアップする
	◯	貴重な一瞬を思い出に残すため、感謝される
	✕	新しくはじめる場合は機材などの初期費用で数十万円かかる
	✕	競合が近隣に何百人といるため、差別化が難しい

カメラを使った副業は横展開しやすいです。例えば、在宅商品撮影、カメラマンアシスタント、写真販売、写真撮影講師、インスタグラマー、カメラ部品転売、コンテスト応募などがあります。

		稼ぎやすさ	□□□□□
		働きやすさ	□□□□□
32	**写真販売**	難度の低さ	□□□□□
		人気の高さ	□□□□□

▶ スマホで撮った写真が売れる！ 企業の広告素材としての需要あり

　自分で撮影した写真をストックフォトサービス上で売る副業です。買い手は主に自社のサービスや広告に写真を使いたい企業になります。企業が求めるのはプロ級の写真だけではありません。明るくて被写体の色が鮮やかであれば、スマホ撮影でもOKです。写真撮影が好きな人は、出かけ先や旅行先で撮った写真を登録してみると、意外と需要があることがわかります。

1件の目安	1枚30円〜1000円
月収の目安	月1万円〜10万円
作業時間の目安	30分〜
働く曜日・時間	朝・昼・夜・土日

📋 写真販売をはじめるには？

- ストックフォトサービスに会員登録します
- 自分で撮影した写真をアップします
- 写真にタグをつけて、申請します
- 審査通過後、販売が開始されます
- 購入されるたびに、報酬が入金されます

　手持ちのスマホやパソコンに保存してある写真の中から、売れそうな写真をアップロードしてみましょう。ただし、10枚や20枚では少ないです。月数万円を稼ぐ人たちは1000枚以上を登録しています。また写真を表すタグの言葉は重要です。

必要なスキルやコツは？	ポイントアドバイス	
高機能一眼レフやミラーレス一眼カメラの低価格化で、プロ並みのクオリティに近づけるようになりました。ただ、売れる写真とは企業のニーズが前提にあり、質はその次です。若い女性や子供で顔出しの被写体、病院のように撮影しにくい場所、ニッチな道具やマイナーな風景など、競合が少ない写真を狙いましょう。	○	写真が1枚売れるたびに販売額の20％〜50％がもらえる
	○	撮影枚数が増えるほど売上が伸びるストック型ビジネス
	○	写真撮影講師やインスタグラマーに横展開できる
	✕	稼ぐ人たちは数千枚を登録しており、量と質が必要
	✕	著作権や他者のプライバシー侵害には注意する

写真市場の需要と供給を理解することで、マーケティングの知識も高まります。さらに、フォトグラファーとして宣材写真や記念フォトの案件を受注する副業にもつながります。

稼ぎやすさ	☐☐☐☐☐
働きやすさ	☐☐☐☐☐
難度の低さ	☐☐☐☐☐
人気の高さ	☐☐☐☐☐

33 作曲・作詞

▶ アイドルの新曲からゲームアプリの劇中ソングまで！作曲は副業で受注しよう

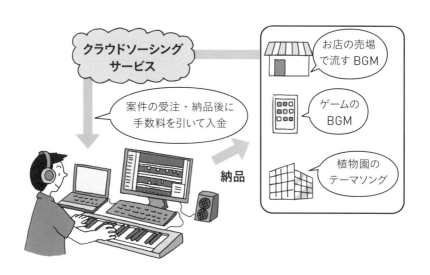

クラウドソーシング
サービス

案件の受注・納品後に
手数料を引いて入金

お店の売場
で流す BGM

ゲームの
BGM

植物園の
テーマソング

納品

　作曲の副業は受注型と販売型に分かれます。受注型は「スーパーの鮮魚売り場で流すBGM」や「バラ園のイメージソング」といった商業向け、サブカル系アイドルの新曲、ゲームやダンスミュージックなど、需要のある音源をクラウドソーシングサービスで受注します。

　一方、販売型はアーティストのように作詞と歌入れもして、オリジナルソングを販売します。こちらは収益化までの道のりは長くとも、YouTubeによるファン獲得やSNS経由のブランディングが売上に貢献します。

報酬の目安	1件500円〜 10万円（受注型）
月収の目安	月0円〜 20万円
労働時間の目安	1日〜
働く時間帯	朝・昼・夜・土日

作曲・作詞をはじめるには？

タイプ	手順
受注型	クラウドソーシングサービスには「歯科医院の歯磨きソングの作成」から「よさこい演舞用の楽曲制作」まで多くの案件があります。単価は5000円〜10万円です。また、効果音作成や編曲、数は少ないですが作詞の募集もあります。
販売型	オリジナルソングは音源投稿サービスで販売できます。効果音500円、BGM1000円、バラード1万円のように曲を投稿して、それを使いたい人が購入すると、収益になります。また、YouTubeで曲を公開して広告収入を得ている人もいます。

必要なスキルやコツは？

クラウドソーシングサービスで過去に取引された楽曲を調べて、市場需要を把握します。それを元に売れやすい音楽素材を作って、自分のポートフォリオに載せることで、クライアントにアプローチできるようになります。さらに小さな実績を重ねて、YouTubeやTwitterで情報発信をし、作曲家としてセルフブランディングをしましょう。また、作曲事務所に所属して、有名人に楽曲提供する道もあります。

 ## ポイントアドバイス

○	趣味の作曲で副収入が稼げる
○	本業で身を立てることが難しくても副業ならOK
○	ファンがつくと一気に収益増の可能性がある
×	1曲5万円を超える案件は競合が多く、受注しにくい
×	オリジナルソングで稼ぐことはプロでも難しい

音楽で食べて行くプロの作曲家という道を諦めた人も、今なら副業で実現できる可能性は高いです。会社員でありながら、地下アイドルに楽曲提供した人や、YouTubeにファンがいる人もいます。

稼ぎやすさ	□□□□
働きやすさ	□□□□
難度の低さ	□□□□
人気の高さ	□□□□

34 ナレーター

▶ 動画コンテンツ市場の人気で需要増！ 声を生かして稼ぐ副業

動画コンテンツの普及とともに、動画に声をあて込むナレーターの需要も増加しています。副業では高価な機材やスタジオは必要ありません。声を拾うためのパソコンと高性能マイク、静かな環境さえ用意できれば、自宅で仕事ができます。YouTubeにアップする動画や広告動画の原稿を読む案件が豊富ですが、登場人物のセリフを演じる声優に近い仕事もあります。なかでもマンガ動画のセリフ入れでは演技力や声色の使い分けも要求されます。女性の声の案件が多いですが、男性の声は競合が少なめです。

報酬の目安	10分300円〜 1000円
月収の目安	月1万円〜 20万円
労働時間の目安	30分〜
働く時間帯	朝・昼・夜・土日

📋 ナレーターの単価は？

案件は大手クラウドソーシングサービス、もしくはナレーター仲介サービスで見つかります。YouTube動画は初心者OKの案件も多く、未経験者でも挑戦しやすいです。単価は10分300円〜1000円程度。最初は低単価の案件をコツコツこなして、実績と評価を増やしましょう。

案件例	報酬	時間
商品紹介動画の音声	1000円	10分
漫画動画のセリフ入れ	1000円	15分
YouTube広告（経験者）	2000円	5分

必要なスキルやコツは？	ポイントアドバイス	
在宅では音声編集ソフトを使い、音声のノイズ除去まで必要な案件も多いです。ただ、音声編集ソフトはフリー版もあり、使い方は難しくありません。また、クラウドソーシングサービスの案件は低単価が散見されるため、高単価を狙うなら「演技力がある」「歌唱力がある」「翻訳ができる」「高機能機材がある」「動画編集も請け負う」などとアピールして、差別化で単価を上げましょう。	◯	未経験者でもできる案件が多い
	◯	在宅で自分のペースで仕事ができる
	◯	初期投資が少なくてもはじめられる
	✕	簡単なナレーションは単価が低い
	✕	子供やペットがいると環境の確保が難しい

本当はなりたかった職業がある人は意外と多いです。ナレーターもその1つ。それなら副業で実現しましょう。本業と副業で理想の働き方を求めると、本業へのモチベーションも上がります。

作る副業

稼ぎやすさ	□□□□
働きやすさ	□□□□
難度の低さ	□□□□
人気の高さ	□□□□

35 動画撮影・制作

▶ 動画に注力する企業が急増中！1回の撮影で1万円～5万円は受け取れる

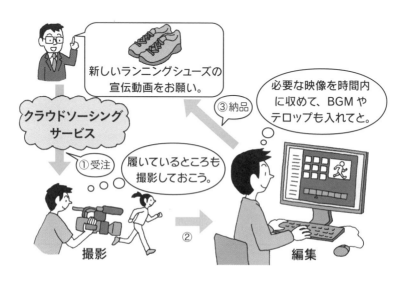

クラウドソーシングサービス

新しいランニングシューズの宣伝動画をお願い。

①受注

履いているところも撮影しておこう。

撮影

②

必要な映像を時間内に収めて、BGMやテロップも入れてと。

③納品

編集

　クライアントから依頼を受けて、高性能デジタルカメラや業務用ビデオカメラで動画を撮影します。仕事内容は「指定されたシーンを1人で撮影する」「ディレクターに同行して現場を撮影する」「取材先への交渉などのディレクションも行う」など、案件で大きく異なります。そのため、応募要項には「8K動画カメラ持参」や「電動スタビライザー使用」とあったり、逆にiPhoneでの撮影を指定されることもあります。また、アクション・水中・ドローン・VR撮影でも、必要機材は変わります。

収入の目安	1件1万円～5万円
月収の目安	月1万円～20万円
労働時間の目安	2時間～
働く時間帯	朝・昼・夜・土日

動画撮影・制作の単価は？

案件例	撮影時間	報酬
YouTubeに投稿する商品の動画撮影・編集	1時間	7000円
自宅で商品を洗濯した動画撮影・編集	2時間	1万円
女性アイドルグループのMV収録	3時間	1万円〜2万円
商品のYouTube用プロモーション動画の撮影	7時間	2万円〜3万円
キッチンスタジオの調理工程の動画撮影	8時間	3万円〜4万円

　時給換算では5000円前後と高めです。ただし、現場までの移動時間は含まれず、また撮影機材込みでは初期投資やメンテナンスが必要ですし、編集込みではかなりの作業時間が追加されます。

必要なスキルやコツは？	ポイントアドバイス
動画の撮影や制作はクラウドソーシングサービスで人気のカテゴリーであり、競合がひしめく激戦区です。そこで勝負するにはプロ基準の高度なスキルと実績を売りにしながら、撮影機材を持っていることが受注獲得につながります。また、本業が動画撮影でない人は、ドローン撮影やVR撮影などと専門分野を尖らせたり、CGやアニメーションによる編集ができるなど、付加要素で差別化を図りましょう。	◯ 時給換算でも高単価の案件が多い ◯ 撮影機材を持参できる人は有利である ◯ 需要が伸びている市場で今後も期待できる ✕ 撮影機材を用意するのに初期費用がかかる ✕ 撮影時間が延びることがよくある

YouTubeを含め、ユーザーが動画に接する時間が増えたことで、動画マーケットそのものが急拡大しています。今後も動画の企画、撮影、制作、編集の副業は伸び続けるでしょう。

作る副業

稼ぎやすさ ☐☐☐☐☐
働きやすさ ☐☐☐☐☐
難度の低さ ☐☐☐☐☐
人気の高さ ☐☐☐☐☐

36 結婚式ムービー制作

▶ 独自性のある動画が稼ぐヒント！ 副業だから実感できる楽しさあり

新郎新婦

スキルシェア
サービス

①受注

②打ち合わせ

③受け取った写真や
ビデオから絵コン
テなどでイメージ
を共有

④音楽や
ナレーション、
テロップも
入れる

⑤完成ムービーを
確認してもらって納品

　動画制作の副業の中でも、ウェディングムービーは人生の一大イベントに深く
関われる醍醐味があります。結婚式ではオープニングムービー、プロフィール
ムービー、エンディングムービーの需要があり、余興やサプライズにも動画が使
われます。それを式場に依頼すると、費用が数十万円もかかることから、個人の
制作者を探すカップルも多く、副業者やフリーランスが勝負できる市場が広がっ
ています。案件はスキルシェアサービスで見つかり、受注から納品まですべてオ
ンラインで完結できます。

報酬の目安	1件3万円～ 20万円
月収の目安	月3万円～ 20万円
労働時間の目安	2週間～
働く時間帯	朝・昼・夜・土日

結婚式ムービー制作の単価は？

シーン数	動画時間	報酬
3シーン程度	約1分	5万円
6〜7シーン程度	約3分〜4分	10万円
10シーン程度	約5分〜7分	16万円

　受注後は依頼者からストーリーの流れをチャットでヒアリングして、構成案や絵コンテを作成します。その際、写真素材や音楽についても細かく確認を取りましょう。ヒアリング時に完成イメージのすり合わせをすることで、動画制作後の修正が発生しにくくなります。

必要なスキルやコツは？

写真をつなぎ合わせて音楽とテロップを入れる程度の動画編集であれば、素人でもできます。それでも依頼者が外注する理由は、費用を抑えながらも一定水準のオリジナリティとクオリティを求めているからです。そのため「さまざまな演出を提案できる」「独自のイラストが描ける」「光や動きなどのCGを入れ込む」といった差別化が、新郎新婦のこだわりを汲み取る結果となり、受注につながります。

ポイントアドバイス

○ 1件あたり5万円〜10万円以上と高単価

○ 幸せいっぱいのイベントに携われる

○ 結婚式以外の動画制作にも通用するスキルが身につく

✕ 依頼は一度きりでリピーターは難しい

✕ スキル不足の人は時間がかかり割に合わない

動画制作はパソコンと動画編集ソフトのAfter EffectsやPremierなどで進めていきます。さらにイラストを入れるならペンタブとIllustrator、演出用にCGソフトなどが必要になり、それぞれのスキルが磨かれます。

作る副業

稼ぎやすさ	☐☐☐☐☐
働きやすさ	☐☐☐☐☐
難度の低さ	☐☐☐☐☐
人気の高さ	☐☐☐☐☐

37 | 動画編集

▶ YouTube人気で動画配信は市場規模が拡大！完全リモートワークの副業

発注者

元になる動画ファイル

合計2時間のビデオを30分にまとめないと。テロップや効果音も追加してっと。

動画編集者

　クライアントが撮影した動画を指定時間内に収まるように編集し、仕上げる副業です。映像をカットしては結合し、テロップや音源を差し込み、アニメーションやエフェクトの処理をします。現在ではYouTubeにアップする動画案件が特に多いですが、企業のPR動画編集や商品の広告動画の仕事もあります。依頼内容はカットするシーンを秒単位で細かく指定される案件もあれば、イメージと目安時間のみ伝えられて、映像からBGMまですべてを委託される案件もあります。

報酬の目安	1件1万円〜20万円
月収の目安	月1万円〜20万円
労働時間の目安	2時間〜
働く時間帯	朝・昼・夜・土日

110

動画編集の単価は？

　案件はクラウドソーシングサービスですぐに見つかります。YouTubeに載せる簡単な編集なら1本5000円〜1万円、15秒や30秒の尺でも緻密な編集が必要なら1本数万円が受け取れます。

案件例	動画時間	報酬
YouTube用動画の編集とサムネイル作成	10分	5000円
ラジオ番組のインタビュー映像の編集	15分	1万円
テレビで紹介されたエピソードの再編集	45分	2万円
映画に翻訳をテロップで入れる編集	90分	5万円〜6万円
視察先オフィスのプロモーション動画	60秒	5万円〜8万円
観光地のVR動画の作成	3分	20万円
住宅のイメージCG動画作成	5分	30万円

必要なスキルやコツは？

動画編集ソフトはUIが洗練されているため、未経験でも映像の切り貼りやテロップ入れなら1日〜2日で習得できます。一方、本格的な動画編集スキルとなると、オンラインスクールで最低3か月は学ばないといけません。さらに高性能パソコンやAfter Effectsなどのソフトへの初期投資も必要です。ただし、最初は割に合わなくても、スキルが磨かれるほど作業時間が短くなり、費用対効果は上がっていきます。

ポイントアドバイス

- ◯ 1件数万円の報酬が受け取れる
- ◯ 案件をこなすほど作業効率が上がる
- ◯ 動画撮影と違って在宅で作業が完了する
- ✕ 大きく稼ぐには初期コストが必要である
- ✕ 高単価案件は業者が受注してしまう

需要と競合が一緒に増えている副業です。その中で継続的に稼ぐには、モーショングラフィックスが使えたり、動画マーケティングの知見があるなど、プラスアルファのスキルが必要です。

コードを書く副業

稼ぎやすさ ☐☐☐☐☐
働きやすさ ☐☐☐☐☐
難度の低さ ☐☐☐☐☐
人気の高さ ☐☐☐☐☐

38 ウェブデザイナー

▶ 時給換算で1500円〜 3000円！ 在宅で好きな時間にできる

コーダー／デザイナー

WordPress テンプレート
の作成をお願いします。
レスポンシブで、
ワイヤーフレームは…。

クライアント

　顧客の要望を汲み取って、ウェブサイトをデザインする副業です。レイアウト設計から、HTMLとCSSによるコーディング、バナーやイラストの素材制作までを手掛けることもあります。特にウェブサイト全体の制作を請け負うウェブデザイナーは、ビジュアルのみではなく、ユーザーの使いやすさやコンバージョン率（成約率・CRV）にも配慮するスキルが求められます。在宅のみで好きな時間に作業ができて、スキルがある人ほど作業負担が少ないため、自分のペースで副収入を得やすいです。

単価の目安	1件1万円〜
月収の目安	月1万円〜 10万円
労働時間の目安	1時間〜
働く時間帯	朝・昼・夜・土日

112

ウェブデザイナーの単価は？

案件は主にクラウドソーシングサービスで見つかります。レイアウト設計は1万円〜5万円、コーディングは1万円〜10万円、素材制作は1万円〜3万円が相場です。

案件例	報酬
レスポンシブデザインの設計（3テンプレート）	5万円〜10万円
HTML・CSSコーディング	1万円〜10万円
ヘッダー・バナー・イラスト制作	1万円〜3万円
LP（Landing Page）制作	5万円〜20万円
WordPressのテンプレート制作	3万円〜10万円

必要なスキルやコツは？	ポイントアドバイス

デザインスキルが高く、実績があるほど、高単価案件の受注率が上がっていきます。最初のうちは、シンプルなバナー制作や簡単なコーディングからはじめて、実績を増やすことを目標にしましょう。また、ウェブデザイナーの仕事は感性と技術の組み合わせですが、マーケティング、コピーライティング、プログラミングのスキルを要求されることもあり、それらに応えることで収入も増えていきます。

○ 数千円から数十万円まで案件が豊富にある

○ 自宅で好きな時間に作業ができる

○ 本業と副業で相乗効果が期待できる

× 常時、数十人との受注競争になる

× ツールの初期投資やサブスクのコストが高額である

ウェブデザインは座学より経験重視です。また、本業で顧客折衝や予算管理をしない人も、副業では1人であらゆる経験を積めるため、フリーランスとして独立する際にも役立ちます。

コードを書く副業

稼ぎやすさ	■■■□□
働きやすさ	■■■■□
難度の低さ	■■■■□
人気の高さ	■■■■■

39 HTML・CSS コーディング

▶ HTML・CSS・JavaScriptでウェブサイトを形にする！意外と高単価の案件もあり

クライアント デザイン案

デザイン案を、
ウェブページに
コーディング
してください。

①発注

構造は HTML、
デザインは CSS、
動きは JavaScript で
コーディング。
スマホ、パソコン両対応
にもしないと。

②コーディング
して納品

コーダー

　ウェブサイトは「企画立案→ガイドライン制作→デザイン制作→コーディング →テスト」という流れで制作されます。この中で、HTML・CSS・JavaScriptを 使うコーディングは外注化が進んでいます。クラウドソーシングサービスでは トップクラスの案件数を誇り、中にはわずか10分で終わるコーディング作業に、 3000円や4000円を支払ってくれる案件もあります。フリーランス仲介サービ スでも完全リモートの案件が揃っており、時給換算では1500円〜 2500円が相 場です。

報酬の目安	1件1万円〜 20万円
月収の目安	月1万円〜 20万円
労働時間の目安	4時間〜
働く時間帯	朝・昼・夜・土日

コーディング（HTML・CSS制作）の単価は？

　シンプルな構造でページ数が少ないほど報酬は控えめで、細かいレイアウトでページ数が多いほど報酬が上がっていきます。特にJavaScriptやWordPressが絡む案件は10万円を超えやすいです。

案件例	ページ数	報酬
トップページのHTML・CSSコーディング	1ページ	1万円〜 2万円
既存ページのレスポンシブ対応	10ページ	2万円〜 5万円
新規販売サイトのコーディング業務	8ページ	6万円〜 7万円
運営サービスのリニューアル	20ページ	10万円〜 20万円
WordPressによるサイト構築	17ページ	30万円〜 40万円

必要なスキルやコツは？

コーディングで使うスキルは、ページ構造を指定するHTML、色や形で装飾するCSS、動的な表現を実装するJavaScript、ブログを作るシステムのWordPressの4点です。これらの技術は基礎レベルで1か月〜2か月、実践レベルで3か月〜6か月で習得可能です。ただ、これらのスキルを併せ持つ人は大勢いるため、例えば「翌日納品」や「PHP対応可」といったさらなる差別化が欠かせません。

ポイントアドバイス

○ 1件数万円の案件が多数ある

○ フリーランス仲介サービスでは大手企業からの受注もできる

○ IllustratorやPhotoshopのスキルは不要

✕ 競合が多すぎて優良案件を受注できない

✕ 依頼内容があいまいで対応が難しいこともある

改修案件では他人が書いたコードを読み解くスキルも磨かれますし、急募案件ではクオリティを保ったスピード感が求められます。いずれにしても本業と副業で経験値は急増します。

稼ぎやすさ	☐☐☐☐☐
働きやすさ	☐☐☐☐☐
難度の低さ	☐☐☐☐☐
人気の高さ	☐☐☐☐☐

40 | LP制作

▶ トリプルスキルで収入増！マーケティングとデザインとコーディングが磨ける

ユーザーが購入ボタンを
クリックしやすいページに
仕上げれば、次の報酬が
上がるかも。

①訪問　②購入

LP（ランディングページ）

　　ユーザーが広告をクリックしたときに、最初に訪問するページとなるのがLP（Landing Page）です。この良し悪しで商品の購入率が大きく変わるため、企業はマーケティング戦略を見直すたびにLPに手を入れようとします。その都度、LP制作のニーズがあり、大規模なものでは制作期間は1か月〜3か月、発注金額は50万円〜100万円になります。ただ、副業では最初のペルソナ設定、ワイヤフレーム、コンテンツ作成は含まれず、それらが用意された状態でデザインやコーディングのみを受注する案件が多いです。

報酬の目安	1件1万円〜
月収の目安	月1万円〜20万円
労働時間の目安	8時間〜
働く時間帯	朝・昼・夜・土日

LP制作の単価は？

　制作料金は業務範囲で変わるため、案件内容が重要です。デザインやコーディングのみならはじめやすいですが、スキルの許容範囲を超えていないか、成果物のクオリティ、作業量と納期に対して報酬が見合っているかは確認しましょう。

案件例	報酬
スマホゲームのLPの原稿とデザイン制作	5万円
健康食品のLPのコーディング作業	2万円
経営コンサルのLP戦略や構成など全制作	18万円

必要なスキルやコツは？	ポイントアドバイス
LP制作に必要なスキルを把握し、自分ができる業務を明確にしましょう。コーディングならHTML・CSS・JavaScriptのスキルですし、デザインならAdobeのIllustratorやPhotoshopのスキル、それにUI/UXの知識が必要です。集客施策や効果測定はマーケター、コンテンツ作成はコピーライター、動画コンテンツはクリエイターの担当です。高度なスキルを組み合わせるほど単価が高くなります。	◯ 難度と報酬のバランスが取れた案件が豊富にある ◯ 本業と副業の相乗効果が期待できる ◯ 在宅で好きな時間に作業できる ✕ 修正が発生しやすく、納期が厳しい職種 ✕ すべてを委託される場合は成果を出す必要あり

LP制作は高度なスキルが不要と思われがちですが、それは誤解です。実際はマーケティングがベースにあり、総合的にはデザイン・コーディング・ライティングの掛け算が求められます。

稼ぎやすさ	▢▢▢▢▢
働きやすさ	▢▢▢▢▢
難度の低さ	▢▢▢▢▢
人気の高さ	▢▢▢▢▢

41 ホームページ・店舗サイト制作

▶ WordPressとレスポンシブに需要あり！ リピーター率も高い

ホームページ制作を細分化すると「顧客ヒアリング」「コンセプト設計」「サイトマップ作成」「ワイヤーフレーム作成」「デザイン制作」「コーディング」「レスポンシブ対応」などがあります。そして「ドメイン取得」「サーバー手配」「WordPress導入」「SEO対策」「ライティング」、さらに「アクセス解析」までも依頼されることがあります。また、店舗サイト制作になると、カート機能や決済機能を設置することになり、顧客管理、在庫管理、予約管理なども導入するためにプログラミングの知識も必要です。

報酬の目安	1件5万円～ 50万円
月収の目安	月1万円～ 20万円
労働時間の目安	1日～
働く時間帯	朝・昼・夜・土日

📋 ホームページ作成の単価は？

　ホームページ制作は報酬が1件5万円〜50万円と幅が広いです。基本的にトップページのみやスマホ対応のみは5万円程度であり、業務範囲やページが増えるほど10万円単位で報酬が上がります。

案件例	報酬
ヨガスタジオのホームページリニューアル	10万円〜20万円
歯科医院の店舗サイト（コーディングのみ）	20万円〜30万円
結婚相談所のホームページ作成（レスポンシブ対応）	20万円〜30万円
海外向け体験教室のサービスサイト（申し込みフォームあり）	30万円〜40万円
サロンの店舗ページ（予約機能・外国語対応あり）	50万円〜60万円

必要なスキルやコツは？

ホームページ制作は、技術力があれば案件を受注できるわけではありません。クライアントにヒアリングすると、目的は「集客強化」や「売上向上」と答えており、ウェブの課題解決ができるコンサルティング的役割も期待しています。そのため、クラウドソーシングサービスのプロフィールに、「集客するために」や「売上を伸ばすために」と記載すると、印象が良くなります。また、1人ではなくチームで受注することもありです。

ポイントアドバイス

○ 1件10万円以上の報酬が受け取れる

○ 在宅のみで作業が完結する

○ 運用保守や改修を継続的に請け負える

✕ 高額案件は法人が競合となる

✕ コンサル的視点が必要で難度が高め

自分の稼ぐ力を試すならホームページ制作はうってつけです。実績を積み重ね、コンスタントに案件を獲得できるようになると、会社に依存せずに生活できるという自信につながります。

コードを書く副業

42 マクロ作成・VBA開発

稼ぎやすさ	☐☐☐☐☐
働きやすさ	☐☐☐☐☐
難度の低さ	☐☐☐☐☐
人気の高さ	☐☐☐☐☐

▶ プログラミングの中では優しい言語！ 案件数も多くて知識も増える

　マクロとはコンピューター操作を自動化する機能のことであり、VBAとはマクロを作成するためのプログラミング言語のことです。副業の募集案件では、例えば「Excelの集計をクリック1回でできるマクロ作成」や「Excelのグラフを自動生成するVBA開発」などがあります。このような案件はクラウドソーシングサービス上で多数募集されており、本業がプログラマーの人なら短時間で納品できるものが多く、気軽にこなせる単発案件として人気です。

報酬の目安	1件2000円〜 5万円
月収の目安	月1万円〜 20万円
労働時間の目安	4時間〜
働く時間帯	朝・昼・夜・土日

マクロ作成・VBA開発の単価は？

　マクロやVBAは割とパターン化されており、特に同じような案件ならコードの使いまわしができます。そのため、1回目より2回目、2回目より3回目と、数をこなすほど作業時間が短く済むメリットがあります。

案件例	報酬
Excelで元データの列が分かれている住所を自動で統一する	2000円〜3000円
スプレッドシートにサイトの商品情報を自動抽出する	5000円〜6000円
Excelの住所一覧からGoogleマップのHTMLコードを自動取得する	1万円〜2万円
Instagramの投稿に自動で「いいね！」をつける	5万円〜6万円
300件ある個別案件のCSVデータを自動で担当者別の集計表にする	8万円〜10万円

必要なスキルやコツは？	ポイントアドバイス	
クライアントはその道のプロに依頼する傾向があります。そのため、マクロ作成を請け負いたい人の自己紹介なら「プログラマー歴5年」ではなく、必ず「Excelマクロ作成メイン」や「VBA開発なら何でも可」ということを掲載しましょう。さらに高単価な案件であるほど、クライアントは稼働時間や納期目安を気にするため、「週10時間稼働」や「3日以内納品」と明示することが受注率アップにつながります。	○	1件2000円〜20万円と幅広い案件がある
	○	数をこなすほど割に合うようになる
	○	在宅で、好きな時間に、パソコン1台で完結する
	✕	競合が多くて受注率が低い
	✕	継続案件が少なくリピーターになりにくい

　VBAは簡単な部類の言語でありながら、会社内では使いこなせる人が限られています。WordやExcel操作の自動化が進むと、作業工数が格段に減るため、意外と重宝されるスキルです。

稼ぎやすさ	☐☐☐☐☐
働きやすさ	☐☐☐☐☐
難度の低さ	☐☐☐☐☐
人気の高さ	☐☐☐☐☐

43 ソフトウェア開発

▶ 大型の開発案件なら1件数十万円以上もあり！専門スキルが試される副業

クライアント

高額案件を受注するには、小さな案件で実績を重ねないと難しい。大型案件では、チームでの作業になり、開発工程のどこかを担当することも。

ソフトウェア開発
・要件定義
・外部・内部設計
・プログラミング
・テスト
・保守・運用

要望

業務用アプリケーション

　ソフトウェア開発とは、クライアントの業務課題を解決するためのプログラムを開発する仕事です。テレビやIoT家電に組み込む開発なども含めて、いくつか種類がありますが、副業では主にWindows上で動くアプリケーションの開発案件が多いです。また、ソフトウェア開発は仕様書に従ってコードを書くプログラマーよりも業務範囲が広く、「要件定義」「外部・内部設計」「プログラミング」「テスト」「運用・保守」までを請け負います。

報酬の目安	1件5万円～100万円
月収の目安	月1万円～20万円
労働時間の目安	1週間～
働く時間帯	朝・昼・夜・土日

📋 ソフトウェア開発の単価は？

案件はクラウドソーシングサービスで受注できます。もしくはフリーランス仲介サービスにも「週1回」や「フルリモート」の案件が多数あり、副業者も時給2000円〜3000円ほどで働くことができます。

案件例	報酬
請求書と委託費の入力集計システムの開発	20万円〜30万円
オンラインスクールの予約システムの開発	30万円〜40万円
自社向け仕入・在庫・売上管理システムの開発	50万円〜60万円
不動産顧客管理・物件管理システムの開発	50万円〜80万円
最新機器に対応する既存ソフトウェアの改修	100万円〜200万円

必要なスキルやコツは？

ソフトウェア開発は高単価な案件が揃っているため、プログラマー歴20年のフリーランスや少数精鋭の法人格も競合になります。その中で受注できる副業者の特徴とは、実績が50件以上、評価が4.9以上（5段階評価）、完了率が100％など、クラウドソーシングサービス内で信頼の積み重ねができていることです。初心者は小さな実績をたくさん集めることからはじめ、下積み期間を経て、大型案件の獲得に望みましょう。

ポイントアドバイス

- ◯ 1件20万円〜50万円の報酬がもらえる
- ◯ 今までの知識と経験をフルに発揮できる
- ◯ 在宅で好きな時間に作業できる
- ✕ 1人で開発できるが、見積もりは難しい
- ✕ 納期が厳しく途中で諦める人もいる

ITエンジニアができる副業の中では、トップクラスの難度であり、同時に大きな報酬と実績が得られます。本業と違って副業は失敗してもダメージが少ないため、ぜひ挑戦してみましょう。

コードを書く副業

44 Android・iPhone アプリ開発

稼ぎやすさ □□□□
働きやすさ □□□□
難度の低さ □□□□
人気の高さ □□□□

▶ 新規開発は30万円～100万円！ リリース後も運用保守で副収入が続く

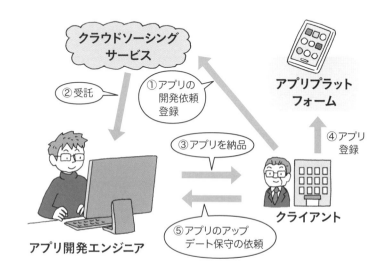

個人で企画から開発、集客、マネタイズまでを行うスマホアプリ運営は、結果的に収入0円の人が過半数を占めており、難度が高いです。そこで企業からAndroidアプリやiPhoneアプリ開発の案件を受注する副業がおすすめです。クラウドソーシングサービスでは新規アプリの開発のみではなく、機能追加や不具合修正、OSアップデート対応、ハイブリッドアプリ開発、AndroidアプリのiPhoneアプリ化など、さまざまな案件があります。また、フリーランス仲介サービスでは常駐型副業の案件もあります。

報酬の目安	1件5万円～ 100万円
月収の目安	月1万円～ 100万円
労働時間の目安	1週間～
働く時間帯	朝・昼・夜・土日

Android・iPhoneアプリ開発の単価は？

　新規開発の単価は30万円〜100万円が相場です。さらにクライアントは、そのアプリに機能を追加したり、運用保守するため、リピーターになってくれる可能性が高く、長期間の副収入が期待できます。

案件例	報酬
既存のAndroidアプリへの機能追加	5万円〜10万円
iOSアプリのアップデート対応	20万円〜30万円
WebViewによるハイブリッドアプリ開発	30万円〜40万円
開発済みAndroidアプリをベースにしたiPhoneアプリ開発	50万円〜60万円
Google Maps APIを利用したルート記録アプリの開発	100万円〜150万円

必要なスキルやコツは？

個人でも1件数十万円の大型案件を受注するには、顧客のあいまいなシステム要件を仕様書と設計書に落とし込むスキル、Android向けのJavaやKotlin、iOS向けのSwiftやObjective-Cなどのプログラミング言語が使える実装スキル、開発途中やリリース後の諸問題を解決できるコミュニケーションスキルがあることが望ましいです。また、サマリーではエンジニア歴、使用言語、資格、開発実績もアピールしましょう。

ポイントアドバイス

- ◯ 10万円単位の大型案件が揃っている
- ◯ リリース後は運用保守で副収入が得られる
- ◯ 場所や時間を選ばずに作業できる
- ✕ 法人格のアプリ開発専門会社が競合となる
- ✕ 見積もりが甘くて途中で諦める人もいる

エンジニア系の副業者が副業に費やす時間は、月20時間〜60時間ほどです。自分の得意なことを仕事にすると苦になりませんが、無理に受注せず、これくらいの工数で見積もるようにしましょう。

コードを書く副業

稼ぎやすさ	□□□□
働きやすさ	□□□□
難度の低さ	□□□□
人気の高さ	□□□□

45 デバッガー

▶ 開発中のソフトやアプリを操作してバグを発見！ スキルは必要なし

テスト指示書に従って、パソコンやスマホのアプリの動作確認。

不具合・異常を報告

報告書
・×× シーンではキャラクターが動かなくなる。
・×× ステージのボスは強すぎて先に進めない。

指示書

　デバッガーとはソフトやアプリを操作して、不具合を調べ上げる仕事です。副業ではテスト指示書に従って検証するため、特別なスキルは必要ありません。例えば、リリース前のスマホゲームをプレイして、「キャラが動かなくなった」や「敵が強すぎて進めない」などを報告します。また、デバッガーの副業はデバッグ会社のアルバイトとして雇われるより、クラウドソーシングサービス経由で在宅案件に応募したほうが、報酬が高く時間も有効に使えます。

報酬の目安	時給1000円～ 3000円
月収の目安	月1000円～ 20万円
労働時間の目安	1時間～
働く時間帯	朝・昼・夜・土日

デバッガーをはじめるには？

1. クラウドソーシングサービスに会員登録します
2. デバッガーやテスターの案件に応募します
3. 納期までに指定された形式で、報告書を提出します
4. 修正依頼がある場合は対応します
5. 報酬が指定の銀行口座に振り込まれます

　1つの案件の拘束時間は長くとも、在宅にてスキマ時間に細切れで進められるため、副業としては効率的です。また、締切厳守ですがノルマはありません。

必要なスキルやコツは？	ポイントアドバイス	
デバッガーの報酬は時給換算で1000円〜3000円であり、低単価案件は経験不問で誰でもできるレポート作成です。それが高単価案件になると、プログラマー向けの開発仕様書を元にテストケースを網羅し、チェックリストに落とし込んで、そこからテスト実施とレポート作成をします。さらに改善提案や進捗管理も求められるため、1件10万円〜30万円の案件も見つかります。	○	時給換算でアルバイトよりも報酬が高い
	○	特殊な技術が不要である
	○	在宅でスキマ時間を無駄なく使える
	✕	割に合わない低単価案件も多くある
	✕	単純作業を繰り返す場合は何も身につかない

スマホアプリのデバッグ案件が増えており、業界内でのニーズは今後も続きます。仕事内容をディレクターやプログラマーと議論が交わせるレベルに昇華させることで、価値が上がる職種です。

コードを書く副業

稼ぎやすさ ☐☐☐☐☐
働きやすさ ☐☐☐☐☐
難度の低さ ☐☐☐☐☐
人気の高さ ☐☐☐☐☐

46 | ソースコード レビュー

▶ クライアントが開発したソースコードの確認と修正する

セキュリティに脆弱性が
あるなぁ。
例外処理も不足している。

ソースコード

ソースコードの
チェックを
お願いします!

①依頼

②レポート
を提出

クライアント

　ソフトウェアのソースコードを読んで、バグが発生しうる箇所やセキュリティの脆弱性などを指摘したり、プログラミングに悩む技術者の相談に乗ります。プログラミングのやり方を教えるプログラミング講師と比べて、実践的な内容かつ現場のスキルが必要です。また、コード内の命名規約やメモリ解放のチェックだけでなく、効率的な開発環境の構築、テストケースの作成、社内教育プログラムの策定といった高度な内容を教えられると、単価は上がります。

報酬の目安	時給1500円〜5000円
月収の目安	月1万円〜20万円
労働時間の目安	1時間〜
働く時間帯	朝・昼・夜・土日

📋 ソースコードレビューの単価は？

　クラウドソーシングサービスを使うと、集客や報酬のやり取りはすべてウェブ上で行えるので効率的です。また、ブログやSNS経由で案件を得る方法もあります。そのためには常に技術情報の発信を重ねるなどのセルフブランディングが必要です。

案件例	報酬
C#.NETのソースコードレビューとテストケース作成	100ステップ2000円〜
iOSのミニゲームアプリのソースコードレビュー	1時間4000円
ITエンジニア社内学習支援	月1万5000円

必要なスキルやコツは？	ポイントアドバイス
ソースコードレビューでは学歴や資格は関係ありません。その代わり、クライアントは第三者に開発中のソースコードを渡すため、信頼性が担保できる相手に依頼します。具体的にはクラウドソーシングサービスのプロフィールに載せる職務経歴、開発経験、対応言語、さらに実績と評価をかなり重視しているため、最初は下積み期間と捉えて、低単価の案件で高評価を積み上げることからはじめましょう。	○ 時給3000円以上の案件も珍しくない ○ 在宅のみで完結できる ○ 他人のソースコードを分析することで、技術力が上がる ✕ 難度が高いと予想以上に時間がかかることがある ✕ 最初に低評価がつくと挽回が難しい

他人が書いたコードを理解し、それよりも効率的なコードを提案する業務はかなり難度が高いです。その代わり、問題を発見するスキルが磨かれて、本業と副業の相乗効果が期待できます。

コードを書く副業

稼ぎやすさ	☐☐☐☐
働きやすさ	☐☐☐☐
難度の低さ	☐☐☐☐
人気の高さ	☐☐☐☐

47 ウェブサービス運営

▶ プチ起業に挑戦！ あの有名サービスもはじめは1人の副業からはじまった

　米国のAppleはサイドビジネスからのスタートであり、2ちゃんねるやFacebookも1人の学生によるプロジェクト、GREEも最初は副業でした。そこまで大規模でなくても、クライアントから案件を受注することなく、個人でウェブサービスを開発して、副収入を得る人はたくさんいます。サービス内容は、仕事が効率的になるツール型、生活が便利になるサポート型、人をつなぐマッチング型、人が集まるコミュニケーション型、情報を比較できるデータベース型などに分類できます。

初期の目安	月0円〜100万円
月収の目安	月0円〜100万円
準備期間の目安	3か月〜
働く時間帯	朝・昼・夜・土日

⛩ ウェブサービス運営をはじめるには？

　自分が「こういったウェブサービスが欲しい」と思ったことがきっかけになります。同様のコンセプトのサービスがあったとしても、小さなアイデア1つで新しいサービスに生まれ変わるかもしれません。

- 自分が欲しいウェブサービスのアイデアを練ります
- 市場をリサーチして、ニーズを探ります
- 小さなウェブサービスの開発に取り掛かります
- リリース後にウェブサービスの機能を拡充していきます
- ユーザーが増えたら広告掲載や有料プランにシフトします

必要なスキルやコツは？	ポイントアドバイス
ウェブサービス運営が失敗する要因のほとんどは「市場が必要としていない」からです。自分が必要と思ったら、次に有識者に意見を聴きます。特にそのときのトレンドが重要です。LINEも単なるチャット機能でしたが、パソコンからスマホにシフトした時流を捉えて、若い女性に最適化したことで利用者が急増しました。また、リリースしたあとはPDCAサイクルを何度も回すことが成功確率を上げてくれます。	○ 小さなヒットで月数万円の利益になる ○ 急成長すると数千万円以上でバイアウトできる ○ ウェブサービスを作ったという大きな実績が得られる ✕ ほとんどのウェブサービスは作り損になりやすい ✕ リリース後の運用でも想像以上に時間を取られる

自分1人でウェブサービスの開発と運用に挑戦することは、今後の大きな資産になります。個人で稼ぐスキルは確実に磨かれるでしょう。スキルが不足している人も、数人で補完し合えばOKです。

	稼ぎやすさ	☐☐☐☐☐
	働きやすさ	☐☐☐☐☐
	難度の低さ	☐☐☐☐☐
	人気の高さ	☐☐☐☐☐

48 スマホアプリ運営

▶ アイデアとスキルで勝負！ 自作アプリで継続収入が得られる

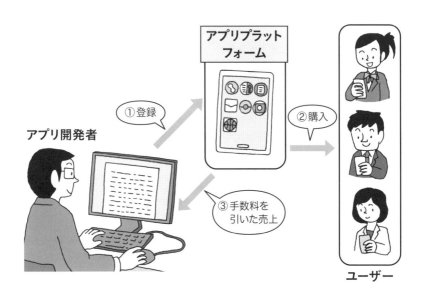

プログラミングスキルにアイデアを掛け合わせた副業です。スマホアプリの開発中は収入0円でも、そのアプリがヒットすることで、年間数百万円の収入を得ている人もいます。スマホアプリ開発に必要なツールも、普段使っているパソコンと開発支援ソフトのみ。イラストやデザインが必要な部分は、外注することが効率的です。激戦のアプリ市場に受け入れられる企画力、ダウンロードしてもらうための集客力、無料ではなく一部課金してもらうマネタイズ力が試されます。

報酬の目安	1アプリ0円〜 100万円
月収の目安	月0円〜 20万円
労働時間の目安	2週間〜
働く時間帯	朝・昼・夜・土日

📱 スマホアプリ開発・運営をはじめるには？

① 市場と競合を調査し、企画、収益化を考えます

② 画面設計をして、開発フェーズに入ります

③ Goole PlayやApple Storeで審査を受け、登録します

④ スマホアプリが販売されて、手数料を引いた売上が入ります

⑤ リリース後も継続してアップデートします

　スマホアプリの収益には有料ダウンロード、アプリ内広告、アプリ内課金の3種類があります。一方、コストはアプリ登録費とレンタルサーバー代などです。

必要なスキルやコツは？	ポイントアドバイス
市場はレッドオーシャンであり、競合過多のジャンルには参入しないことが前提です。最初から時間をかけて凝ったアプリを1つ作るよりも、シンプルな機能に絞ったアプリを何度もリリースしたほうが、ニッチな需要に刺さりやすく、ヒットする確立が高いとされています。また、スマホアプリは海外展開がしやすいことも特徴です。	◯ ヒット作が開発できると、継続的な収入を見込める ◯ 自分のスキルとアイデアで勝負できる ◯ スキルだけではなくビジネスセンスも磨かれる ✕ 大手から中小までが参入しているため、競争が激しい ✕ せっかく作っても1個も売れず、赤字になることもある

アイデアが出ない人は、ひとまずクラウドソーシングサービスでスマホアプリ開発を請け負いましょう。コンセプトや機能設計は参考になりますし、報酬も受け取れます。

稼ぎやすさ ☐☐☐☐☐
働きやすさ ☐☐☐☐☐
難度の低さ ☐☐☐☐☐
人気の高さ ☐☐☐☐☐

49 プログラミング講師

▶ 時給2000円〜4000円！好きな時間を指定できるオンラインレッスンもあり

こんにちは！
今日は「条件分岐」
について勉強
しましょう！

学習者　　　　学習者　　　　学習者

　国内にIT人材が不足している理由の1つは、教える講師が少ないことです。大手のプログラミングスクールでさえ、受講生の募集とともに講師ができるITエンジニアを募集しています。特に現役のITエンジニアの需要は高く、時給は2000円〜4000円です。レッスンをフルリモートやフルフレックスでできるスクールもあります。また、講師マッチングサービスを利用して、自分でプログラミング講座を開いて、自由に働くスタイルも人気です。

報酬の目安	時給2000円〜4000円
月収の目安	月3万円〜20万円
労働時間の目安	1時間〜
働く時間帯	昼・夜・土日

プログラミング講師になるには？

　オンラインスクールのプログラミング講師になる流れは「エントリーシートに記入する→ビデオチャットで面談する→模擬レッスンをする」です。報酬体系はプログラミング言語の習得難度より、生徒の年齢やレベルで変動します。

案件例	報酬
社会人向けプログラミング講師	40分1800円〜2800円
小学生向けプログラミングスクール講師	時給2000円
プログラミング個人レッスン講師	90分5000円

必要なスキルやコツは？

　プログラム言語としては、人気のPythonとJava、ウェブ系のJavaScript、PHP、Rails、アプリ系のSwiftなどに需要があります。さらにHTML5とCSS3、WordPress、PhotoshopとIllustratorの使い方は、講師マッチングサービスで人気の講座です。講師業では、資格ではなく開発経験や実績が重視されており、さらに人に教えることが目的のため、コミュニケーション能力や指導力も必要です。

ポイントアドバイス

○ 平均2000円〜4000円と時給が高い

○ オンライン講座であれば在宅勤務も可能

○ 本業のスキルアップになる

✕ 初心者や子供向けはスキルより指導力が必須

✕ マイナー言語は需要が少ない

　カリキュラムとテキストが用意できても、人に教える技術はまた別であり、指導力が鍛えられます。人から感謝される言葉を直接かけてもらえるため、やりがいを感じる副業です。

サポートする副業

稼ぎやすさ	■■□□□
働きやすさ	■■■□□
難度の低さ	■■■■□
人気の高さ	■■■□□

50 データ入力

▶ 紙媒体をデジタルデータに変換する仕事！単純作業だからこそスピード重視

　手書き文字や印刷物をデジタルデータに起こす副業です。パソコンのキーボードをスピーディーに打つタイピングスキルが必須であり、文章の誤字脱字を校正する能力も欠かせません。クラウドソーシングサービスには「イベントで回収した手書きのアンケートをExcelにまとめる」や「名刺にある店名、会社名、URL、住所、電話番号をリスト化する」などの案件があり、ほとんどが単純作業であるため、経験不問で請け負えます。

報酬の目安	1件5円〜 30円
月収の目安	月1万円〜 3万円
労働時間の目安	1時間〜 8時間
働く時間帯	朝・昼・夜・土日

📋 データ入力の単価は？

　データ1件あたり5円〜30円が相場です。案件は1000件や2000件単位で依頼されることもあり、実際の契約金額は1案件で数万円になることもあります。

案件例	単価	件数
名刺にある企業名を検索して、売上高や従業員数を抽出する	1件5円	2500件
商品リストにある商品のスペック、価格、状態をExcelに入力する	1件30円	3000件
座談会の音源から情報を整理して、感想を体系化する	60分1万円	1件

必要なスキルやコツは？

データ入力は移動中や休憩中でもできそうですが、自宅の最適な作業環境で一気にこなすことが効率化のポイントです。見慣れているディスプレイ、タイピングしやすいキーボード、サジェスト機能ありの文字入力ソフトは必須です。さらに音声を読み上げて自動でテキスト化するソフトなども有効活用できます。また、データ入力の案件には締め切りがあるため、初心者は余裕を持った納期を設定しましょう。

ポイントアドバイス

◯	時給制は魅力なしでも、出来高制ならあり
◯	単純作業のため、未経験者もできる
◯	自宅でスキマ時間を使った作業ができる
✕	誰でもできるために報酬は低い
✕	将来的にAIに仕事を奪われる可能性が高い

データ入力のようなシンプルな副業は効率化が決め手です。いかに自分の負担を軽減して納品物を仕上げるか、それがうまく回ったときにはじめて割に合う副業に進化します。

サポートする副業

稼ぎやすさ	☐☐☐☐☐
働きやすさ	☐☐☐☐☐
難度の低さ	☐☐☐☐☐
人気の高さ	☐☐☐☐☐

51 | データ収集・調査

▶ クライアントが希望するデータを集める副業！ 難度が高いと報酬アップ

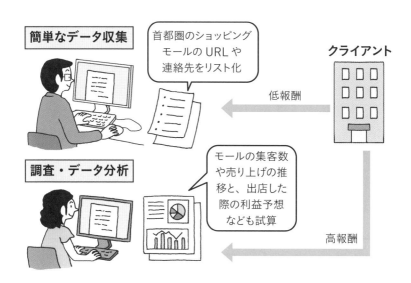

簡単なデータ収集

首都圏のショッピングモールの URL や連絡先をリスト化

クライアント

低報酬

調査・データ分析

モールの集客数や売り上げの推移と、出店した際の利益予想なども試算

高報酬

　クライアントから指定されたテーマでデータを集める副業です。難度が低い案件は「首都圏にあるスタジアムを検索して、URLや問い合わせフォームをリスト化する」というように、1件10円程度でデータを集めます。難度が高い案件は「新規事業の起ち上げにあたって、市場規模、ニーズ、将来性、競合他社、利益試算、差別化をまとめる」など、データの収集、調査、分析を数万円で請け負います。また、現地調査や現地体験を伴うデータ収集もあります。

報酬の目安	1件1000円〜10万円
月収の目安	月1万円〜10万円
労働時間の目安	1時間〜
働く時間帯	朝・昼・夜・土日

データ収集・調査の単価は？

案件はクラウドソーシングサービスで「データ収集・データ入力・リスト作成」や「市場調査・現地調査・データ分析」と検索すると見つかります。簡単なデータ収集は安価ですが、データ分析までできると高額案件が狙えます。

案件例	報酬
市内の居酒屋の店舗情報を収集して、URLをリストアップする	1件10円
日米のAmazonで販売中の同一商品の価格と売れ行きを調べる	1商品50円
アンケートをクロス集計して、グラフ化した資料を作成する	3万円

必要なスキルやコツは？	ポイントアドバイス
簡単なデータ収集の案件としては、Googleの検索結果をExcelのシートにまとめるタイプが多いです。ただ、1件5円〜50円なので割に合わず、単純作業で飽きやすい傾向もあります。裏技としてはプログラミングでデータを自動収集してしまい、完了後に目視でデータを整形する人もいます。一方、データ分析の領域まで踏み込むと、グラフ化や資料作成を伴い、報酬も高くなり、納得感があります。	◯ 時給換算では一般的なアルバイトより報酬が高い ◯ データ調査や分析では1件数万円に達する ◯ 在宅のみで対人ストレスが発生しない ✕ 仕事内容が単純であるほど報酬が低い ✕ レポート作成はある程度の専門知識が必要になる

ある程度の報酬でよく気楽さを求めるならデータ収集でかまいませんし、労働単価を上げてスキルを伸ばすならデータ分析まで行うのが最適です。副業は目的次第で選ぶ職種が変わり、正解はありません。

データ収集・調査

サポートする副業

稼ぎやすさ	☐☐☐☐☐
働きやすさ	☐☐☐☐☐
難度の低さ	☐☐☐☐☐
人気の高さ	☐☐☐☐☐

52 オンライン事務・経理

▶ 普段の事務作業をオンラインで受注！ 在宅完結型の副業

・毎週末ごとに仕上げます
・Office ソフトの資格有
・統計ソフト使えます

クラウドソーシングサービス

登録

領収書の仕訳と入力

タイムカードの入力

書類作成

アンケート入力とチェック

　事務は書類の作成や整理、経理はお金の流れを管理する仕事です。どちらもクラウドソーシングサービス上にオンラインで完結する副業案件が数多く存在します。事務のカテゴリには「データ整理」「チェック作業」「文字起こし」「企画書作成」「SNS運営」と、オフィス内の便利屋のような案件が並びます。経理のカテゴリは「レシート貼付」「領収書仕訳」「記帳代行」「給与計算」「書類作成」と、わりと型にはまった案件が目立ちます。

報酬の目安	時給換算1000円〜1500円
月収の目安	月1万円〜10万円
労働時間の目安	1時間〜8時間
働く時間帯	朝・昼・夜・土日

📋 オンライン事務・経理の単価は？

案件を受注するまでの流れは、クラウドソーシングサービスに会員登録し、案件に応募するのみです。あとは期日までに納品すると、指定口座に報酬が振り込まれます。

案件例	数量	報酬
写真にある文字や図形をPowerPointに起こす	60枚	2万円
アンケートの回答内容をスプレッドシートに入力する	150枚	3万円
ドキュメントの内容を3択のクイズにする	25問	1万円
クラウド会計ソフトに領収書を入力する	400件	5万円
勤怠情報を確認して、給与ソフトに入力する	100名分	5万円

必要なスキルやコツは？

クラウドソーシングサービスでは毎日新しい案件が複数追加されながら、1つの案件に応募が10件〜20件も来ます。その中から受注を勝ち取るには「WordやExcelが使えます」や「実務経験5年です」では若干弱いです。ここでは「原則2時間以内に返信」や「次の土曜までに納品」といったスピード感、保有資格と使用可能ソフトの網羅性で、クライアントの要望に沿ったアピールをしましょう。

ポイントアドバイス

⭕ 一般的なアルバイトより時給換算で高い

⭕ 本業と同じ仕事内容で安心感がある

⭕ 在宅で全作業が完了する

❌ 高単価な報酬にありつける可能性は低い

❌ 1つの案件に応募が殺到する

クラウドソーシングサービスには案件が溢れています。今の本業で新しい実績や成果が得られないなら、本業に関する副業でキャリアを補って、職務履歴を充実させることが最適です。

サポートする副業

稼ぎやすさ	☐☐☐☐☐
働きやすさ	☐☐☐☐☐
難度の低さ	☐☐☐☐☐
人気の高さ	☐☐☐☐☐

53 オンライン秘書

▶ リモートで業務をサポートする副業！ アポ調整や資料作成など

承知しました！

水曜日に会議＠渋谷
18:00〜
飲み会の予約も
お願いします。

クライアント

　依頼者のアシスタントをフルリモートでする副業です。タスクやスケジュール管理、電話やメール代行、会食設定、出張予約、議事録や資料作成といった正社員が直接しなくても問題ない業務を請け負います。一般的な秘書業務以外にも、ウェブサイト更新や翻訳といったスキルが必要な仕事もあります。

　また、電話応対やメール返信では、依頼者と同じ時間帯での勤務が求められますが、事務作業のみなら好きな時間に働けます。

報酬の目安	時給1000円〜2500円
月収の目安	月1万円〜10万円
労働時間の目安	4時間〜8時間
働く時間帯	朝・昼・夜

📋 オンライン秘書をはじめるには？

オンライン秘書として働くには「オンライン秘書サービスに登録する」「クラウドソーシングサービスの案件に応募する」「経営者によるSNS上の求人に応募する」などの方法があります。

- **オンライン秘書サービス**：研修やサポートがあり、スキルに合った案件をもらえるため、未経験者でも無理がありません。時給は1000円程度です。
- **クラウドソーシングサービス**：求人の幅が広く、時給も1000円〜2500円です。スキルに見合った案件が出ていないか、定期的にチェックしてみましょう。

必要なスキルやコツは？	ポイントアドバイス
一定のITリテラシーは備えている必要があります。パソコンスキルならWord、Excel、PowerPointの操作、GoogleサービスやSNS投稿の仕様を理解していることが望ましいです。リモートで、1人でできる仕事ですが、基本的なビジネスマナーとコミュニケーション力は必須です。 また、業務範囲が経理や広報を含んでいることもあり、その場合は相応のスキルが求められます。	◯ 時給換算ではアルバイトより高め ◯ 業務内容によっては好きな時間に働ける ◯ 完全在宅による業務ができる ✕ 1人で作業するため困ったときに頼る人がいない ✕ 勤務時間が自由にならないこともある

本業のスキルをそのまま副業に生かすことができます。その上でマーケティングやクリエイティブ業務に従事する可能性があり、副業だからこそ職務領域を広げるチャンスもあります。

👫 サポートする副業

稼ぎやすさ ☐☐☐☐☐
働きやすさ ☐☐☐☐☐
難度の低さ ☐☐☐☐☐
人気の高さ ☐☐☐☐☐

54 広報・人事サポート

▶ PR戦略や採用戦略を代行！ 本業の仕事内容をそのまま副業に生かす

副業が認められている
企業の広報部勤務

　広報と人事に関しての副業は、副業仲介サービスでフルリモートの案件が見つかります。広報職としては、会社や商品を社外に宣伝することから「PR戦略策定」「メディア折衝」「プレスリリース」「企業インタビュー」「記事作成」「SNS運用」「競合他社の情報収集」ができる人材を募集しています。人事職は採用や研修で組織を支えるために「新卒・中途採用の戦略立案」「応募者管理」「書類選考」「面接代行」「採用手続き」「入社手続き」「研修プログラム策定」「評価制度改定」といった案件が公開されています。

報酬の目安	時給1000円〜 2500円
月収の目安	月1万円〜 10万円
労働時間の目安	1時間〜 8時間
働く時間帯	朝・昼・夜

📋 広報・人事サポートをはじめるには？

- 副業仲介サービスに会員登録します
- プロフィールや職務経歴を充実させます
- 公募案件に申し込んだり、企業からのオファーを待ちます
- 内容確認や日程調整をして、業務がはじまります
- 報酬は決められた日に指定口座に振り込まれます

　時給は1000円〜 2500円が相場です。また、副業仲介サービスでは副業エージェントを介して、クローズドな企業にアプローチできる形式もあり、その場合は平均単価が上がります。

必要なスキルやコツは？	ポイントアドバイス	
広報や人事の副業では単発案件が少なめで、週1回〜 3回フルリモートで勤務する案件が多いです。この理由は1日では完結しない業務が多く、さらに広報は開示前の社内機密を取り扱い、人事は個人情報に直接関わることから、信頼できる人材に長く働いてほしいからです。そのため、副業でもヒアリングや面談が実施されることがあり、採用時は勤務先や人柄を重視し、業務委託契約や機密保持契約（NDA）を結びます。	◯	平均時給は1000円〜 2500円で、それ以上もあり得る
	◯	本業で経験済みの仕事がほとんどである
	◯	フルリモートで、在宅で完結できる
	✕	高単価の案件は優秀な人のみが対象である
	✕	全体の案件数が少なく、必ず受注できるわけではない

本業と似た副業は働きやすく、稼ぎやすく、続きやすいです。単なる収入補填を目的とせず、本業と副業の両輪でキャリア重視の成長が期待できますし、技術や経験を双方向で生かせます。

サポートする副業

稼ぎやすさ ▢▢▢▢▢
働きやすさ ▢▢▢▢▢
難度の低さ ▢▢▢▢▢
人気の高さ ▢▢▢▢▢

55 ファシリテーター

▶ 話し合いをスムーズに進行して生産性を高める仕事！ 1回1万円〜 10万円

未来の副業を考える
パネルディスカッション

まず、パネラーの方の自己紹介から……。

話す流れは「案件の探し方」「報酬」「働く時間」……。

「せどり」は、Bさんに振らないと。

パネラー A　パネラー B

パネラー C　パネラー D

　ファシリテーターとは、会議・セミナー・イベント・座談会といった話し合う場の進行役です。内容そのものには関与せず、中立的立場から参加者の発言を促して、論点の整理や意見の集約をし、スムーズな進行をサポートします。結果、時間内に参加者に共通の認識を持たせて、建設的なゴールへと導くことが仕事です。特にトークセッションやオンラインイベントでは、主催者が知人のビジネスパーソンや司会進行の経験者にファシリテーターを依頼するケースが目立ちます。

時給換算2000円〜 1万円
月1万円〜 20万円
1時間〜 8時間
昼・夜・土日

ファシリテーターの単価は？

相場は1案件1万円〜10万円です。ただ、1時間の座談会を報酬1万円で請け負う場合、事前打ち合わせ、資料チェック、リハーサルや懇親会も含めると、実際の稼働時間は4時間に達することもあり、時給は2500円程度に換算できます。

案件例	時間	報酬
企業セミナーのファシリテーション	3時間	5万円
合同イベントのファシリテーション	5時間	8万円
オンライン座談会のファシリテーション	1時間	1万円

必要なスキルやコツは？

ファシリテーターには「聞き取りや気づきに優れたコミュニケーション力」「情報の整理と構造化ができるロジカルシンキング」「衝突軽減や合意形成を促すマネジメント力」の3つのスキルが必要です。これらはファシリテーターに限定したスキルではなく、一般的な企業研修や民間講座でも受講できます。ビジネスパーソンとして一回り成長するために、ファシリテーションを学ぶことはおすすめです。

ポイントアドバイス

○ 時給換算で2000円以上と高め

○ 一度評価されると継続的に依頼される

○ 本業のスキルとしても大いに役立つ

✕ 職種そのものの認知度が低い

✕ 人脈がないと依頼が来ない

コロナ禍により、話し合いの場がオンラインに移行したことで「ニュアンスが伝わらない」や「全体共有が難しい」という問題が発生しています。そういう意味でもファシリテーターの需要は高まるでしょう。

ファシリテーター

サポートする副業

稼ぎやすさ	☐☐☐☐☐
働きやすさ	☐☐☐☐☐
難度の低さ	☐☐☐☐☐
人気の高さ	☐☐☐☐☐

56 営業代行

▶ アポ獲得5000円や顧客紹介3万円など！ 成果報酬型で個人が活躍中

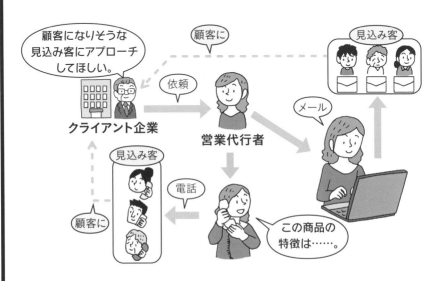

　企業の営業担当に代わって商品やサービスのセールス活動を行う副業です。営業リストから架電してアポが獲得できると1件5000円、知り合いを紹介するリファラル営業で1件2万円、商談や契約までを請け負って売上の数％が受け取れる案件もあります。基本的に収入は成果報酬型で、商品単価が高めであったり、高度な交渉や専門性が必要な場合、さらに報酬が高額になります。一方で営業代行にはプレゼン資料やトークスクリプトの作成といったデスクワーク系の案件もあります。

報酬の目安	売上の5％〜20％
月収の目安	月1万円〜10万円
労働時間の目安	2時間〜8時間
働く時間帯	昼・夜

📋 営業代行をはじめるには？

① 営業代行のマッチングサービスに会員登録します

② 審査後、募集先のクライアント企業と打ち合わせをします

③ 営業リストや人脈を使って見込み客を探し、アポを取りつけます

④ クライアント企業と見込み客が商談を行います

⑤ 成果によって報酬が支払われます

営業代行では「テレアポ」「顧客紹介」「訪問商談」「ルートセールス」などの働き方によって、条件と報酬が異なります。

案件例	条件	報酬
学習塾向けITツールの販売	アポ取得	1件5000円
経営者向け業務支援ツールの販売	経営者を紹介	1件4万円
病院向け医療機器の買い取り	成約	買い取り額の5％

必要なスキルやコツは？

基礎となる営業スキルは本業と変わりませんが、業界や案件によって必要な予備知識が異なります。そのため、自分が経験済みの商材や、本業と顧客層がかぶっている案件に集中すると、副業でも成約率が伸びやすいです。ただし、本業とは利益相反にならないようにしましょう。特に本業で知り合った顧客に対して、一度でも信用を失うと、本業の営業活動にも支障をきたす点には注意です。

ポイントアドバイス

○ これまでの経験や人脈が役に立つ

○ 営業先の紹介のみで1万円のように単価が高い

○ 自分で案件を選べてノルマがない

✕ 基本は成果報酬のために収入額は不安定

✕ 本業に影響が出るような人脈の使い方はNG

本業が営業職の人は、副業でさらなる研鑽を積むことができます。本業が営業職でない人でも、成果条件がアポ獲得のみなら、知人の紹介で報酬を得ることができます。

👥 サポートする副業

稼ぎやすさ	☐☐☐☐☐
働きやすさ	☐☐☐☐☐
難度の低さ	☐☐☐☐☐
人気の高さ	☐☐☐☐☐

57 | 空き時間販売

▶ あなたの空いている時間が誰かの役に立つ

1h
子連れの
おでかけ
サポート

30min
税理士を
目指す人への
アドバイス

2h
英文レジュメ作成
と面接対策

空き時間を使って、
何でもやります！

1h
家計診断

30min
海外旅行
プランの作成

2h
営業研修

　空き時間販売とは自分の空き時間を、マッチングサービスのアプリ上で売買する行為です。空き時間で提供する内容は、英語やパソコンを教えたり、営業の成功方法を伝授するように知識が必要なものから、家計診断や占いなどスキルを生かしたもの、恋愛の悩み相談や海外旅行プランを考えるような経験をもとにしたものまで、多岐にわたります。また、特別なスキルがなくても、食事やゲームの相手といった1人では難しいことのお手伝いもあります。

売上の目安	30分500円～
月収の目安	月1000円～ 10万円
労働時間の目安	1分～
働く曜日	朝・昼・夜・土日

空き時間販売の単価は？

　スキルシェアサービスやマッチングサービスにて、自分が提供できる内容、販売価格、時間帯を登録します。購入されたあとは日程調整をし、空き時間の提供が完了すると報酬が受け取れます。

案件例	報酬	労働時間
子連れのおでかけサポート	2000円	2時間
税理士を目指す人へのアドバイス	2500円	1時間
英文レジュメ作成と英語面接対策	6000円	2時間

必要なスキルやコツは？	ポイントアドバイス
あなたが提供できることに価値があり、それが報酬と見合っていれば、あなたの空き時間を買いたいというオファーが来ます。報酬は話し相手程度で1時間1000円前後、内容が高度なほど高単価になります。ただし、そこはいかに自分のキャラを魅力的に映せるかによります。40代の男性会社員に対して「お酒を飲む相手になってほしい」や「犬の散歩に付き合ってほしい」という依頼もあり、リピーターも存在します。	◯ アルバイトより時給が高い ◯ 自分の都合の良い時間に働ける ◯ 好きなことを仕事にできる ✕ 都市圏中心のサービスで地方に弱い ✕ 利用者の見極めなどのトラブル回避が必要

　自分では「役立つ」と思っていなかった知識や経験が、誰かの助けになるため、意外性のある稼ぎ方が期待できます。自身の価値発見や将来性にもつながる副業です。

58 家事代行サービス

▶ 1回の労働時間が2時間〜3時間で短い！ 会社員がはじめやすい

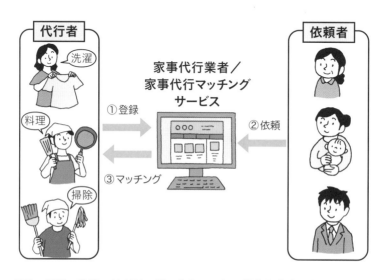

　掃除、料理、洗濯、片付け、買い物といった日常的な家事を代行します。縫い物、草むしり、役所手続き、クリーニングの受け取りも家事代行の業務範囲内です。特に掃除と料理の需要は増えており、都市圏では「仕事が見つからない」ことはほとんどありません。掃除は1回2時間勤務で1日最大3件、料理は1回3時間勤務で1日最大2件程度をこなせます。1回の労働時間が短いために副業にしやすいです。また、直行・直帰で移動時間を無駄にせず、指名や訪問件数に応じて時給も上がります。

報酬の目安	時給1200円〜 2000円
月収の目安	月1万円〜 10万円
労働時間の目安	1時間〜 8時間
働く時間帯	昼・夜・土日

家事代行サービスをはじめるには？

　家事代行サービスをはじめるには「家事代行業者に登録する」「家事代行マッチングサービスを利用する」「アルバイト情報で探して応募する」の3つの方法があります。その中では家事代行業者への登録がポピュラーです。

- 家事代行業者に応募します
- 面談と研修が行われ、合格者のみがキャストになれます
- アプリに希望エリアと時間帯を登録して、依頼を待ちます
- 依頼が来たら、指定日時に家事代行をします
- 後日、指定日に給与が入金されます

必要なスキルやコツは？	ポイントアドバイス
高い時給を得るには「①時給が高めの家事代行業者である」「②家事代行が盛んな地域である」「③従事する本人に人気がある」ことです。特に依頼主から直指名を獲得することで時給が上がり、定期的に仕事を得られます。そのためには依頼主とは適度な緊張感の中で、温かいつながりと深い信頼関係を築くことです。家事代行では失敗してもスキル不足でも、人間性が認められることのほうが大切です。	◯ 短時間勤務で一般的なアルバイトより時給が高い ◯ 仕事内容が明確であり、掃除や料理のスキルが上がる ◯ 直接「ありがとう」と言われ、心地よい人間関係がある ✕ 家事のスキルがないとキャストになれない ✕ 依頼主との距離が近く精神的な疲労を感じる人もいる

家事代行は単なるアルバイトではなく、家事のスペシャリストです。人気キャストで時給が2倍になる人もいれば、個人事業主として独立する人、クッキングスタジオの講師になる人もいます。

家事代行サービス

サポートする副業

稼ぎやすさ	☐☐☐☐☐
働きやすさ	☐☐☐☐☐
難度の低さ	☐☐☐☐☐
人気の高さ	☐☐☐☐☐

59 ゲームプレイ代行

▶ ゲームのレベル上げやレアガチャを代わりにやる

ゲームプレイ代行はゲームをクリアすることが目的ではなく、依頼主がゲームをスムーズに進めるために、レベル上げやランク上げを代行する仕事です。

特にスマホゲームではリセマラ（リセットマラソン）に需要があります。リセマラとはゲーム開始時に引けるガチャで、強力アイテムやレアキャラが出るまで、アプリのインストールとアンインストールを繰り返す行為です。最初からハイスペックで遊べるようになるため、リセマラを代行する市場も広がりました。

報酬の目安	1件500円〜 1万円
月収の目安	月1万円〜 3万円
労働時間の目安	10分〜
働く時間帯	朝・昼・夜・土日

📋 ゲームプレイ代行をはじめるには？

1. スキルシェアサービスやアカウント売買サービスに会員登録します
2. 代行を請け負うより、すでにある自分のアカウントを出品するほうが多いです
3. 購入者がアカウントを購入し、仲介サービスがその代金を預かります
4. 販売者がアカウントを購入者に渡します
5. 仲介サービスが預かっていた代金を販売者に支払います

　ただし、アカウントの売買は、ゲーム会社だけでなく、多くの販売サービスで禁止されている行為です。くれぐれも、それぞれのルールに従うようにしましょう。

必要なスキルやコツは？	ポイントアドバイス
レベル上げでは販売者が遊びきったアカウントを販売するケースが目立ちます。そのゲームに飽きて引退するから、レベルが上がりきったパソコンゲームやスマホゲームのアカウントを1万円〜3万円で売るわけです。 リセマラについては運次第です。ガチャ1回で限定アイテムが出て、数千円で販売できることもあれば、100回引いても徒労に終わることもあります。	〇 自分が楽しんだゲームのアカウントを売ることができる
	〇 リセマラ代行は何度もガチャを引くだけで誰でもできる
	✕ アカウントの売買を禁止しているゲームが多数ある
	✕ メルカリやヤフオク!でもゲームアカウントの売買は禁止
	✕ 単調な作業が続き、長時間かかることもある

ゲーム好きの人にとっては、スマホ1つで空き時間に副業ができるメリットがあります。ただし、時給換算では最低賃金を割るケースが多く、将来性や働きがいは期待できません。

稼ぎやすさ	☐☐☐☐☐
働きやすさ	☐☐☐☐☐
難度の低さ	☐☐☐☐☐
人気の高さ	☐☐☐☐☐

60 代行サービス（その他）

▶ 誰かの代わりに役立つ副業！ スモールビジネスを試す場にもなる

代行します！

 草むしり代行／ 10m² ／ 5000 円

 ペット預かり代行／ 1 泊／ 4000 円

 遺品整理代行／ 8h ／ 4 万円

 結婚式代理出席／ 2h ／ 1 万円

　代行サービスには掃除や料理の家事系以外にも多様な副業があります。例えば、ベビーシッター・訪問介護・ペットシッターなどのケア系、司会・墓参りなどのイベント系、営業・事務・セミナー出席などの仕事系です。メリットは地域でスモールビジネスに挑戦できることです。また、企業の訪問サービス代行や新築分譲地の草刈り代行を請け負ったり、結婚式の余興代行や家族代行のような少々変わったタイプの仕事に挑戦するなど、副業にて独自の代行サービスを展開できます。

報酬の目安	時給900円〜 3000円
月収の目安	月1万円〜 20万円
労働時間の目安	1時間〜 8時間
働く時間帯	朝・昼・夜・土日

代行サービスの単価は？

　　自分が動けるエリアでの代行サービスは、スキル販売サービスや代行サービス業者に登録することではじめられます。時給は手間や難度と比例しており、スキルが必要なほど高単価です。

案件例	報酬	労働時間
遺品整理代行	4万円	8時間
ペット預かり代行	4000円	1泊
墓参り（清掃・供養）代行	6000円	1.5時間
結婚式の代理出席	1回5000円	4時間
家族代行	時給2000円	2時間

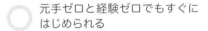

必要なスキルやコツは？	ポイントアドバイス

夫婦共働きで忙しく、近所付き合いは疎遠、少子高齢化も重なり、社会の流れとして代行サービスのニーズは高まっています。その中で安定的に稼げる代行サービスはエアコンクリーニングや家具組み立てなどの家庭に寄り添うタイプです。さらにマッチングサービスを利用することで、墓参り代行や蜂の巣駆除といったニッチな需要に応えて、休日のみ本当に求められる仕事で収入を得ることができます。

○ アルバイトより時給が高く仕事もわかりやすい

○ 元手ゼロと経験ゼロでもすぐにはじめられる

○ 需要があって人から感謝される

× それなりの専門知識を身につける必要がある

× コンスタントに受注できるまで時間がかかる

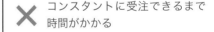

多くの代行業はエリアに特化した仕事のため、その地域限定の固定客を増やして、独立をする人もいます。最初は週末副業、次に個人事業主を経て、法人化という事例も多々あります。

サポートする副業

稼ぎやすさ	☐☐☐☐☐
働きやすさ	☐☐☐☐☐
難度の低さ	☐☐☐☐☐
人気の高さ	☐☐☐☐☐

61 休日モデル

▶ 広告モデルからフリー素材のモデルで活躍する

　　モデルの需要は雑誌やファッションショーだけではありません。ウェブ動画広告モデルと商品紹介モデルが伸びており、プロモーションで利用されます。モデルと企業やフォトグラファーをつなぐマッチングサービスが浸透し、普通の会社員が休日にモデル活動をしやすくなりました。パーツモデルやカットモデルといった案件も充実しており、副業として月収10万円を超える人も出ています。さらにSNSでモデル活動を発信することで、直接オファーが来るチャンスも広がっています。

報酬の目安	1件3000円〜10万円
月収の目安	月1万円〜20万円
労働時間の目安	1時間〜
働く時間の目安	昼・夜・土日

🗂 休日モデルをはじめるには？

- モデルのマッチングサービスに登録します
- 写真、年齢、職業、プロフィールを入力し、審査を受けます
- 案件に応募する、もしくはオファーを待ちます
- 採用されたら休日にモデルの仕事をします
- 手数料を引かれた金額が報酬となります

　モデルマッチングサービスへの会員登録は無料であり、年齢や経験に制限はありません。男性へのオファーもあります。平均単価は1回1万円〜2万円。ただ、自撮りで済む案件は1回3000円、1日かかる撮影では10万円以上と、報酬には幅があります。

	ポイントアドバイス
マッチングサービスのプロフィールには職業、経歴、特技などを詳細に記載しておくと、クライアントが検索したときにヒットしやすくなります。そのあと、クライアントは写真でイメージを判断するため、全身、アップ、上半身、横からと複数カットを準備し、服装や表情にも変化をつけると、オファーされやすいです。また、複数のマッチングサービスに登録し、Instagramにも活動をアップし続けましょう。	◯ 拘束時間が短いため、時給換算で3000円を超える ◯ SNSで発信しやすく個の時代にマッチしている ◯ プロのメイクや撮影を体験できる ✕ 採用されないと仕事がゼロの月もある ✕ 顔出し必須で副業NGの会社では難しい

休日モデルでは容姿やスタイルが優れている人だけではなく、シニアやマッチョまで個性が求められています。セルフブランディングを多角的に展開するには最適な副業です。

休日モデル

サポートする副業

| 稼ぎやすさ |
| 働きやすさ |
| 難度の低さ |
| 人気の高さ |

62 シェアビジネス

▶ アプリで遊休資産を貸し出す！ 手間いらずで副収入ゲット

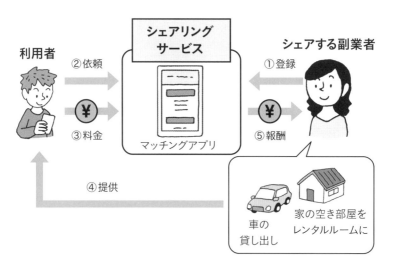

シェアビジネスとはアプリを介して、物品やサービスを個人間で貸し借りする仕組みです。空き部屋、駐車場、車、バッグ、時計、服、家具、さらに人材や資金のシェアもされています。その中でも副業では空き部屋、空き駐車場、マイカーが主流です。両親が所有する古民家を会議室として提供する、観光地周辺にある実家の駐車場を時間貸しする、平日はまったく乗らないマイカーを貸し出す人もいます。シェアビジネスは不動産経営のスモール版であり、手間が少ないことが特徴です。

報酬の目安	1件100円〜 10万円
月収の目安	月1万円〜 10万円
労働時間の目安	1時間〜
働く時間帯	朝・昼・夜・土日

シェアビジネスをはじめるには？

① シェアリングサービスの専用アプリをインストールして、会員登録を完了します
② シェアしたい物品やサービスの情報や写真を登録します
③ 顧客から要望が来たら、日時のやり取りをします
④ 物品やサービスを提供します
⑤ 代金はシェアリングサービスを経由して振り込まれます

　報酬は立地や物品でかなりの差があります。例えば、普通車は1日数千円〜1万円、一部の高級車は1日10万円で貸し出すこともできます。ブランドバッグなら最大月2000円程度です。また、シェアリングサービスを仲介することで、貸し手と借り手の身元が確認できますし、補償やサポートも付帯していることが特徴です。

必要なスキルやコツは？	ポイントアドバイス	
シェアビジネスのメリットは不労所得のような感覚があることです。しかし、実際には最初の仕込みが欠かせません。スマホ上でお客さまに選んでもらうために、写真の撮り方、説明文の書き方、コミュニケーションの取り方が重要になります。周辺の料金設定も調べましょう。駐車場なら繁忙期は近くのコインパーキングより料金を高くしても借り手がつきますが、閑散期は逆に料金を下げる工夫が必要です。	○	自分が労働しなくても副収入が手に入る
	○	在庫を仕入れないため、金銭的リスクがない
	○	スマホ1台でやり取りが完結する
	✕	借り手がつくほどの遊休資産がないとできない
	✕	借り手の過失で物品が損傷するリスクがある

シェアビジネスは資産活用の1つでありながら、高齢者の参入が少ない副業です。実家や倉庫に眠っている遊休資産があるなら、現役世代がフル活用して、副収入を稼いでみましょう。

稼ぎやすさ	□□□□	
働きやすさ	□□□□	
難度の低さ	□□□□	
人気の高さ	□□□□	

63 資料・企画書作成

▶ 提案書や企画書を作成する副業！ 普段の業務内容をそのまま再利用できる

企画書や提案書を作りなれている副業者

　営業資料、講演スライド、提案書類、プレゼン資料、マニュアルといった仕事上必要なドキュメントやスライドの作成を請け負う仕事です。クラウドソーシングサービスでは、「営業資料のデザイン修正」から「法人向け販売提案書の作成」まで、幅広いレベルの募集が常時1000件以上もあり、案件を探すことは難しくありません。会社員は、PowerPointやGoogleスライド、Keynoteを使った資料作成の機会も多く、本業のスキルをそのまま副業に生かすことができます。

報酬の目安	1件1000円〜20万円
月収の目安	月1万円〜20万円
労働時間の目安	4時間〜
働く時間帯	朝・昼・夜・土日

資料・企画書作成の単価は？

　原稿やデータを資料化するだけなら1枚数百円ですが、アイデアやブラッシュアップが求められると、1枚1000円〜2000円の単価に上がります。構成を含めて一からの作成では1枚3000円〜5000円です。

案件例	報酬
PDFからPowerPointに変換し、デザインを整える	15枚5000円
契約書類のテンプレートを作成する	10枚1万円
テレアポに使用するトークスクリプトを作成する	4万円〜5万円
宅配専用商品のレシピ開発のプレゼン資料を作成する	5万円〜8万円
営業戦略立案から行動計画までを作成する	10万円〜20万円

必要なスキルやコツは？

ツールやアプリの操作はもちろん、「相手に伝わる文言の選定」「ロジカルに説明する構成力」「視覚的に訴求できるデザインセンス」が求められます。営業向け資料作成や社内向け企画書作成のように、普段の仕事内容を再現できる案件がおすすめです。また、最初はあえて低単価案件にて質の高い成果物を納品し続けることで、あなたの評価は上がり、次第に高額案件を受注できるようになります。

ポイントアドバイス

- ◯ 案件が多くて単価も高い
- ◯ 普段の仕事で使っているスキルが生かせる
- ◯ 短期で完了する案件も多く、スキマ時間に作業できる
- ✕ 最初は低単価の案件で実績を増やす期間が必要になる
- ✕ 意図や業務範囲が不明確なことがある

　資料や企画書の作成は本業のスキルを生かし、さらにそのスキルを副業で伸ばして、本業に再還元できます。また、異業種に触れることで、新たな気づきが生まれて、世界観も広がるでしょう。

稼ぎやすさ	☐☐☐☐☐
働きやすさ	☐☐☐☐☐
難度の低さ	☐☐☐☐☐
人気の高さ	☐☐☐☐☐

64 商品・サービス企画

▶ アイデア創出やプラン立案をする副業！ 一緒に事業成長を加速させよう

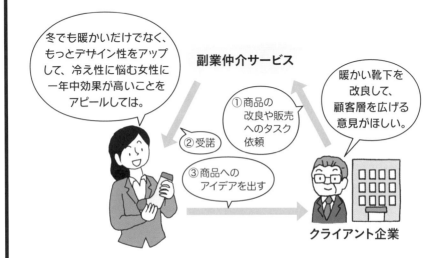

副業仲介サービス

冬でも暖かいだけでなく、もっとデザイン性をアップして、冷え性に悩む女性に一年中効果が高いことをアピールしては。

①商品の改良や販売へのタスク依頼

②受諾

③商品へのアイデアを出す

暖かい靴下を改良して、顧客層を広げる意見がほしい。

クライアント企業

　商品企画や新サービスのアイデアを提供したり、それが採択されることで報酬を得る副業です。企業は新たな視点による施策を外部人材に求めており、企業と個人をつなぐコンサル仲介サービスを利用してアドバイザーを募っています。案件の種類はアンケートやモニタリングのみのタスク型、企業とディスカッションしていくコンサル型、企画を提案するコンペ型などです。基本はプロジェクト単位で参画しますが、リピーターとして定期的にオファーが来る可能性もあります。

報酬の目安	1件1000円〜 10万円
月収の目安	月1万円〜 20万円
労働時間の目安	1時間〜 8時間
働く時間帯	朝・昼・夜・土日

商品・サービス企画の単価は？

　タスク型は1回数千円、コンサル型は1回3000円～ 3万円、コンペ型は1件数万～数十万円となります。また、業務委託で数か月継続する案件もあります。

案件例	報酬
商品使用後に改善視点でアンケートに答える	1回1000円～ 3000円
サービス改善の座談会に参加する	時給1500円～ 3000円
子育て中の女性経営者向けサービスについて話す	1回5000円～ 8000円
小規模スクールの顧客管理方法についてアドバイスする	1回1万円～ 3万円
新しい化学技術を活用したサービス企画	採用50万円～ 300万円

必要なスキルやコツは？

アイデアを出すだけではなく、市場とユーザーを分析して、具体的な行動タスクに落とし込み、それらを相手にわかりやすく伝える能力が必要です。マーケティングをベースに、資料作成とプレゼンスキルが磨かれます。最初は簡単なタスク型でかまいませんが、長期的に稼ぐならコンサル型やコンペ型へステップアップしましょう。経験済みのノウハウを横展開できる案件なら効率的に進められます。

ポイントアドバイス

○ 1件数万円で報酬が高めの案件がほとんどである

○ 経験済みの案件なら調査時間や作成時間が節約できる

○ 大きなプロジェクトに携われば、それが実績になる

✕ タスク型は回答のみでスキルの成長が見込めない

✕ コンペ型は時間をかけても確実な報酬にはならない

企業内に常に優秀な人材が揃っているわけではないため、外部人材と連携しながら、価値ある商品やサービスを生み出す動きが活発化しています。そこに飛び込んで経験値を増やしましょう。

企画推進する副業

稼ぎやすさ ☐☐☐☐
働きやすさ ☐☐☐☐
難度の低さ ☐☐☐☐
人気の高さ ☐☐☐☐

65 デジタルマーケター

▶ データ分析にSEO・SNS・広告などを組み合わせて顧客を引き寄せる

顧客の行動データや購買データから、どのSNSやメディアに広告を出稿するか、何を訴えるか、分析しないと。

Instagram

顧客となるユーザー

Twitter

ブログ（オウンドメディア）

宣伝・広告

顧客の行動データや購買データ

デジタルマーケター

クライアント企業

　デジタルマーケター（デジマ）とは「顧客データ」「行動データ」「購買データ」といったデータ分析を軸に、顧客に商品やサービスを買ってもらうための戦略を立てられる人です。どの業界でも重宝されるデジタルマーケターは恒常的に不足しており、企業は一部の業務をフリーランスに委託するようになりました。デジタルマーケターの守備範囲は広く、データ分析・コンテンツ・SEO・SNS・LINE・広告・アフィリエイト・メルマガ・オフラインなどのどれかに特化した人や、総合的な知見がある人に最適です。

報酬の目安	時給換算2000円〜
月収の目安	月3万円〜 20万円
労働時間の目安	2時間〜 8時間
働く時間帯	朝・昼・夜・土日

デジタルマーケターをはじめるには？

デジタルマーケターの副業では、デジマをしたい企業とデジマができる人材をマッチングする「マーケター仲介サービス」に登録することが一般的です。各案件には「内容」「必要条件」「場所」「報酬」「労働時間」などが掲載されています。

案件例	報酬	労働時間
自社サービスのリニューアルのための戦略設計をする	時給2500円	週16時間〜
自社アプリの会員数を増やすための企画立案や広告選定をする	時給3000円	週10時間〜
TwitterやInstagramの広告運用における企画と運用をする	時給2000円	週10時間〜

必要なスキルやコツは？

マーケター仲介サービスに登録すれば、必ず案件が獲得できるわけではありません。企業は集客できる本物の人材を求めています。プロフィールで実績をアピールして、特に専門性を際立てましょう。デジタルマーケターの実務では、オウンドメディア・Twitter・ネイティブ広告など、集客できるすべてのチャネルを扱う可能性がありますが、副業ではどれか1つに精通しているほうが受注しやすいです。

ポイントアドバイス

○ 平均時給は2000円〜3000円が相場

○ 月1回は出社、もしくはリモート会議に参加する

○ 本業では資格不要でも、副業ではアピールになる

✕ デジマに弱い企業担当者も多く、説明力が欠かせない

✕ デジマは領域が広いため、得意分野のみを受注する

デジタルマーケティングはこれからも伸び続ける市場です。その代わりに変化も激しく、自分の知識と経験をアップデートし続けなくてはいけません。経験値を上げるためにも副業を有効活用してみましょう。

66 | コンテンツマーケター

稼ぎやすさ	□□□□
働きやすさ	□□□
難度の低さ	□□□□
人気の高さ	□□□□

▶ ユーザーを惹きつける情報を提供！ 集客や購買につながる

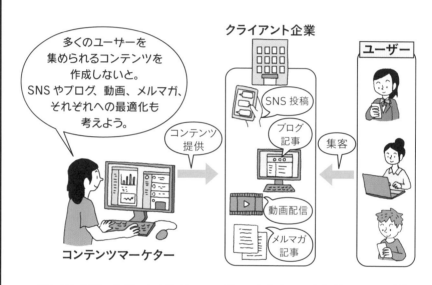

コンテンツマーケティングとは、ユーザーの知りたいことに対して、関連性が高く価値あるコンテンツを制作し、集客や購買につなげる手法です。コンテンツには文章・画像・動画・SNS・広告があり、媒体もオウンドメディア・YouTube・Twitter・メルマガなど、戦略次第で変わります。実際の副業では、カスタマージャーニーマップやコンテンツマップ、もしくはコンテンツそのものを納品します。時給換算では2000円〜3000円、成果報酬では1件5万円の案件もあります。

報酬の目安	時給換算2000円〜
月収の目安	月1万円〜10万円
労働時間の目安	2時間〜8時間
働く時間帯	朝・昼・夜・土日

コンテンツマーケターの単価は？

案件は大手、もしくはデジタルマーケターに特化したクラウドソーシングサービスで見つかります。会議参加から戦略策定までを時給制で請け負うスタイルと、納品物や目標値に達することで成果を受け取るスタイルがあります。

案件例	報酬	労働時間
自社メディアの流入数を増やすためのコンテンツを策定する	時給2500円	週8～10時間
SNSを利用した集客をアドバイスし、コンテンツを提供する	時給2000円	月40時間
LINE公式アカウントに集客するためのコンテンツ戦略を実行する	月10万円	週1回会議

必要なスキルやコツは？

コンテンツマーケターは初心者には難しい領域ですが、Twitterのみの集客に特化するなど、専門性を尖らせることで案件獲得のチャンスがあります。その際は、複数のクラウドソーシングサービスに登録し、企業や案件にリーチできる確率を上げましょう。プロフィールの最適化も必須です。今までにやり遂げた実績を数値ありきでアピールすることが、企業の目に留まります。

ポイントアドバイス

○ スキマ時間で平均時給2000円～4000円がもらえる

○ 本業と副業で相乗効果が期待できる

○ クライアントの評価で継続的に受注できる

✕ 実力が乏しい人はまず受注できない

✕ 成果報酬型は業務内容を見極める必要がある

コンテンツマーケティングの市場規模は拡大が続いており、将来性が期待できます。一企業に所属するだけではなく、副業で加速度的に経験値を増やすことで、個人の価値向上を狙いましょう。

企画推進する副業

稼ぎやすさ	☐☐☐☐☐
働きやすさ	☐☐☐☐☐
難度の低さ	☐☐☐☐☐
人気の高さ	☐☐☐☐☐

67 SEOマーケター

▶ 検索順位を上げて訪問者数を増やすプロ！ 時給2500円前後

競合分析　内部構造最適化
キーワード選定　アクセス解析

ホームページの
アクセス数を月300万
UU（ユニークユーザー）に
アップさせたいです。

クライアント

　SEO（Search Engine Optimization：検索エンジン最適化）とは、Googleなどで検索したときの検索順位を上げて、訪問者数を増やす施策です。それを一手に請け負う職種がSEOマーケターであり、主な業務は「競合分析・キーワード選定・コンテンツ制作・内部構造最適化・被リンク獲得・アクセス解析」になります。

　副業の案件では「順位が上がりやすいキーワードを抽出する」や「自社サービスにSEO目線で改修箇所を提示する」が多く、平均時給は2500円前後が相場です。

報酬の目安	時給換算2000円〜
月収の目安	月1万円〜 10万円
労働時間の目安	2時間〜 8時間
働く時間帯	朝・昼・夜・土日

📋 SEOマーケターをはじめるには？

- 大手、もしくはマーケター専門のクラウドソーシングサービスに登録します
- 個人情報やプロフィール、実績などを記入します
- 案件内容や契約条件を確認し、応募します
- プロジェクトに参画し、成果物を納品します
- クラウドソーシングを介して、報酬が振り込まれます

　企業のCEOや広報がSNSで直接SEOマーケターを募集していたり、知人からの紹介のリファラル採用で案件を獲得する人もいます。

必要なスキルやコツは？	ポイントアドバイス
クラウドソーシングサービスのプロフィールには、順位上昇やPV増加といったSEOの実績だけではなく、「広告代理店勤務」や「エンジニア歴10年」といったバックグラウンドを開示することが、企業に信頼感を与えます。また、一部のクライアントは「SEOですぐに検索順位が上昇する」と誤解しているため、あらかじめSEOの目的と効果を説明し、案件終了後もコンスタントに依頼が来るように努めます。	◯ 本業のスキルをそのままに副業に展開できる ◯ 副業で職務履歴が増えて、キャリアが充実する ◯ 自社サービス以外の知見を獲得できる ✕ タイムラグがあり、成果が見えにくい ✕ 最近はコンテンツ寄りの知識が求められる

特にオウンドメディアのSEO担当者は不足しており、副業のニーズは高まっています。また、SEOマーケターの副業は、SEOセミナーやコンサルにも横展開できます。

68 | SNS運用代行

稼ぎやすさ ☐☐☐☐☐
働きやすさ ☐☐☐☐☐
難度の低さ ☐☐☐☐☐
人気の高さ ☐☐☐☐☐

▶ TwitterやInstagramを定期的に更新する副業！ 実績ありなら採用されやすい

クライアントのSNSを運用代行する副業です。企業はTwitterやInstagramなどがマーケティングに有効とわかっていても、社内のリソースが割けない、知見ゼロといった理由から、クラウドソーシングサービスにはSNS運用代行の案件が並んでいます。委託内容は運用マニュアルに沿った投稿、コメントへの返信、フォロー数の増加施策です。それ以外にもアカウントの初期設定、投稿内容の企画立案、エンゲージメントの定期レポート、ユーザー分析を一任される案件もあります。

報酬の目安	月1万円〜 20万円
月収の目安	月1万円〜 20万円
労働時間の目安	1分〜
働く時間帯	朝・昼・夜・土日

SNS運用代行の単価は？

　シンプルな投稿代行であれば月1万円〜2万円です。アカウント管理を任されて投稿内容も自分で考える場合は月3万円〜5万円、さらに商品購入率やサービス誘導率によってインセンティブが発生すると、報酬は数万円加算されます。

案件例	報酬
Twitterの投稿代行とコメント返信	月1万円〜2万円
Instagramの投稿代行と商品販売	月2万円〜5万円
Facebookのデータ分析や広告運用を含む運用全般	月10万円〜20万円

必要なスキルやコツは？

マニュアル通りに投稿する案件もありますが、応募資格に「運用中のTwitterアカウント」や「ご自身のインスタ写真」の提示を求めるなど、大抵は実績が重視されます。逆に自分が運用しているアカウントのフォロワー数が多いほど、クライアントも評価してくれるため、まずは自分のアカウントを育てたり、本業で運用しているアカウントの実績を作ることからはじめましょう。

ポイントアドバイス

- ○ 投稿代行なら専門知識なしで報酬がもらえる
- ○ SNSマーケティングまでできると高単価になる
- ○ フォロワー数が多い人ほど受注しやすい
- ✕ 投稿代行のみは低単価で割に合わない
- ✕ 結果が出ないと継続を切られる

SNSは運用代行会社に依頼すると月10万円〜50万円と高額になるため、中小企業や個人店舗は個人に頼む傾向があります。これからも継続的な需要が期待できる副業です。

稼ぎやすさ ☐☐☐☐☐
働きやすさ ☐☐☐☐☐
難度の低さ ☐☐☐☐☐
人気の高さ ☐☐☐☐☐

69 | 広告運用代行

▶ 本業のスキルをそのまま使って副収入！ 月10万円以上もあり

GoogleやYahoo!の検索結果にリスティング広告を出稿したり、ディスプレイ広告やSNS広告の設定と運用を代行します。目的はその広告から企業のLP（Landing Page）へ見込み客を呼び込み、商品購入やリード獲得につなげることです。ターゲットと広告予算を把握したら、キーワードの選定、クリック単価の調整、コンバージョン率の向上を繰り返します。未経験者ができる副業ではありません。逆に本業で広告運用をしている人には、さまざまな広告運用に関われるチャンスがあります。

売上の目安	月1万円～ 50万円
月収の目安	月1万円～ 50万円
労働時間の目安	1日～
働く時間帯	朝・昼・夜・土日

広告運用代行の単価は？

競合の広告文の変化を集計する分析業務や、広告管理ツールで異常値をチェックする案件であれば、月1万円～3万円です。アカウント構築から入札単価調整、広告作成、レポート集計までオールインワンになると、月10万円以上になります。

案件例	報酬
週1回競合の広告文の変化をレポートにまとめる	月1万円～3万円
Yahoo!広告の品質インデックスを向上させる	月2万円～5万円
既存のリスティング広告についてコンサルをする	月6万円～7万円

必要なスキルやコツは？

結果が出なかったときに、次月も継続依頼が来る可能性はかなり低いです。つまり、実績と成果がすべての世界であり、数値を出せる人間が評価されます。そのため、案件そのものはクラウドソーシングサービスで探せますが、評価がゼロの状態では受注できません。最初は低単価で競合が少ない案件で下積みをして、確実に高評価を得ることで、大手クライアントからの信頼を勝ち取れるようにしましょう。

ポイントアドバイス

○ 副業で月数十万円稼ぐ人もいる

○ 月1万円～10万円の固定報酬の案件が豊富にある

○ スキル次第で好きな時間に作業できる

✕ 未経験者ができる仕事ではない

✕ 結果が出なければ契約は切られる

本業のスキルを直接生かすことで、1件数万円の高単価となる副業の典型です。さらに副業の実績をTwitterなどでアピールして、ダイレクトに案件を請け負う人もいます。

175

70 データアナリスト

稼ぎやすさ □□□□□
働きやすさ □□□□□
難度の低さ □□□□□
人気の高さ □□□□□

▶ 収集したデータを分析するプロ！仮説立てから課題解決策の提案まで

顧客動向や市場調査のデータを分析して、結果を報告するプレゼン資料を作らないと。

企業のデータ

クライアント企業

データを分析した結果を報告

　専属のデータアナリストを雇える企業は限られており、空き時間にマーケターやエンジニアが兼務している状態です。そこで一部の企業はデータ分析を外部委託しており、クラウドソーシングサービスにも「事業成長に向けたデータ分析をはじめたい」「蓄積されたデータを分析したい」「データ分析中で追加人材が欲しい」といった3つのニーズがあります。また、データアナリストにはエンジニア型、コンサル型、もしくはそのハイブリッド型があり、タイプによって請け負う案件の内容が異なります。

報酬の目安	1件5000円〜50万円
月収の目安	月1万円〜100万円
労働時間の目安	4時間〜
働く時間帯	朝・昼・夜・土日

データアナリストの単価は？

　案件はクラウドソーシングサービス、エンジニア仲介サービスやマーケター仲介サービスで見つかります。データ収集やデータ分析の自動化は単価が安く、専門的なデータ分析となると単価が1件数十万円に跳ね上がります。

案件例	報酬
入力フォームから得たデータの分析自動化	1万円〜2万円
育児アンケートデータのクロス集計	3万円〜4万円
Excelを使った複利運用の収益シミュレーション	5万円〜7万円
ログからのコーホート分析と購買活動の調査	20万円〜30万円
人工知能で回帰分析したターゲットの行動予測	40万円〜50万円

必要なスキルやコツは？	ポイントアドバイス
ビッグデータの処理と分析をするためには、確率や微積分、線形代数などを用いた統計学の知識がベースとして必要になります。その上でデータベースの操作言語が使えることで、はじめてデータの抽出、処理、分析ができます。さらにエンジニア型では機械学習や自然言語処理などをするためのプログラミング言語の知識も必要とされます。コンサル型ではマーケティングと論理的思考力が役立ちます。	○ 単価は全副業の中でも上位である ○ 需要増でありながら人材が相当不足している ○ 資格があると案件受注に有利である ✕ 大学基礎レベルの数学の知識が必要である ✕ 難度が高く想定より時間がかかることがある

大学で数学を習っていたり、データベース言語を扱える人は多くいますが、データアナリストになれる人はまだ多くありません。すでに素養や興味があるなら、副業で挑戦してみる価値はあります。

教える副業

稼ぎやすさ	□□□□
働きやすさ	□□□□
難度の低さ	□□□□
人気の高さ	□□□□

71 | 講師業

▶ 講座のジャンルは300種類！ 1回2000円以上は稼げる

本業で培ったスキルで講座を開く人もいれば、趣味が高じてその分野で講師として活躍する人たちもいます。これまで個人が講師になるには、自分で受講希望者を集め、予約や受講費の管理をするなど、かなり手間のかかる副業でした。しかし、現在ではウェブ上で講師と生徒をつなぐマッチングサービスがいくつも登場しています。集客や予約、決済といった面倒な部分を代行してくれるため、個人でスムーズに講師業をはじめることができます。

報酬の目安	1回2000円〜 5万円
月収の目安	月1万円〜 100万円
労働時間の目安	1時間〜 8時間
働く時間帯	朝・昼・夜・土日

講師業の単価は？

　講師マッチングサービスでは、時短料理やベビーヨガ、プログラミングといった本格的なスキルを必要とするものから、包丁の研ぎ方、宣材写真の撮り（られ）方、履歴書の書き方といった知恵袋的なものまで、需要のあるテーマは300種類を超えてます。

案件例	料金	定員
初心者歓迎！ ピアス作り実践講座	1時間3400円	2名
プレゼン入門講座！ 若手が人前でうまく話すコツ	3時間5000円	4名
月10万円稼ぐためのフリーランス入門	2時間3000円	10名

　個人で講座を開くには会議室などのレンタルスペースや、講座に使う教材の費用がかかります。

必要なスキルやコツは？	ポイントアドバイス
プロフィールやレッスン写真は信用力を引き上げるのに重要です。次に料金が安すぎるとあとから値上げが難しく、高すぎると受講者が集まりませんし、開講できても割高感から評価が下がります。競合の料金帯のリサーチは念入りにしましょう。 また、ターゲットの絞り込みは必須です。万人受けするレッスンより、30代女性限定といったほうが顧客に刺さります。	◯ 時給ではなく期待される成果が収入になる ◯ 今あるスキルを二次利用して効率的に稼げる ◯ 自分の好きなペースで働ける ✕ 競合が多いジャンルでは生徒が集まらない ✕ 顔出しと本名が必須であることが多い

　自分が参入するジャンルのランキング上位の講座を参考にしましょう。生徒に選ばれる工夫が凝縮されています。また、講師業は1対Nのビジネスですが、人数を制限して、1人の満足度を上げることも大切です。

教える副業

稼ぎやすさ	☐☐☐☐☐
働きやすさ	☐☐☐☐☐
難度の低さ	☐☐☐☐☐
人気の高さ	☐☐☐☐☐

72 ウェビナー講師

▶ オンラインだから1回のセミナーの人数制限なし！集めるほど売上アップ

オンラインだから在宅から開催できる。参加人数も数十人や100人でもOK。

やり取り可能

受講者

　オンライン講座だから在宅でスキマ時間を有効に使え、本業との調整がしやすいです。何より開催場所に制限がないことで、遠方在住者も生徒になりますし、参加人数の上限もないので、人が集まるほど収入がアップします。例えば、1時間1500円の講座を開いて、10人が受講したとします。売上は1回あたり1万5000円になり、その講座を1か月で4回開くと合計6万円です。しかも、レンタルスペース代や交通費が不要になるため、利益率も向上します。

報酬の目安	1回2000円〜 5万円
月収の目安	月1万円〜 100万円
労働時間の目安	1時間〜 8時間
働く時間帯	朝・昼・夜・土日

📋 ウェビナー講師をはじめるには？

1. 講師マッチングサービスに会員登録し、プロフィールを充実させます
2. パソコン、カメラ、マイク、ウェブ会議ツールを用意します
3. 講座の内容、日時、価格、定員を設定します
4. 講座が掲載されて、受けたい人から予約が入ります
5. 講座を開催します
6. 売上から手数料を引いた金額が振り込まれます

Zoomなどのウェブ会議ツールは、無償版では2人や3人の少人数しか参加できなかったり、時間制限のあるものが多いです。ただ、有償版でも月2000円程度なので、大きな負担ではありません。

必要なスキルやコツは？	ポイントアドバイス	
人気のテーマは、「ビジネススキル」「IT」「デザイン」「写真・動画」「ハンドメイド」「料理」「メイク」「フィットネス」「英語」「副業」「趣味」「占い」です。ただ、テーマとターゲットは絞りましょう。単なる「Excel講座」ではなく「朝活限定！ Excelクエリでデータ集計できる初心者向け講座」とすることで、「朝に受けたい」「データ集計したい」「初心者向けである」という訴求ポイントが見込み客に刺さります。	⭕	生徒が増えるほど収入も増える
	⭕	人気講師になると時給1万円以上も可能
	⭕	在宅で無駄な時間が発生しにくい
	❌	生徒が多数集まるまでに時間がかかる
	❌	オンラインでは伝え方に技術がいる

何かのプロフェッショナルであれば、講師業や教材販売をして、教えるポジションにシフトできる人は多いです。時給制ではなく、自分の価値で対価を受け取れるため、人気のウェビナー講師になれたら、本業以上の副収入が得られることもあります。

教える副業

73 英会話講師

稼ぎやすさ ☐☐☐☐
働きやすさ ☐☐☐☐
難度の低さ ☐☐☐☐
人気の高さ ☐☐☐☐

▶ はじめ方は4種類！ 副業なら講師マッチングサービスがおすすめ

Now, you live in Osaka! Great!

How do you say (Hikkoshi) In English?

オンライン英会話講師

学習者

学習者

学習者

　英会話講師ではネイティブではない日本人講師にも需要があります。理由は「日本人のつまずくポイントがわかる」「日本語との文法の違いを教えられる」「外国人に抵抗がある人が一定数いる」ことです。英会話は生徒とコミュニケーションを取りながら会話を引き出すため、雰囲気作りや相手の言いたいことを汲み取る力も必要です。生徒は幼児からシニアまでと幅広い世代が対象であり、学生には留学対策、社会人にはビジネス向けのようにニーズに合った指導をします。

報酬の目安	時給900円〜2500円
月収の目安	月1万円〜10万円
労働時間の目安	1時間〜8時間
働く時間帯	朝・昼・夜・土日

英会話講師をはじめるには？

　副業で英会話講師をするには主に次の4つのやり方があります。いずれも1日フルタイムで拘束されることがほとんどありません。1コマ40分〜 70分程度のレッスンを、1日に数回もしくは週に何回か受け持つ形になります。

講師のやり方	メリット
講師マッチングサービス	個人で英語教室を開講して、料金や時間を自由に設定できる。
オンライン英会話講師	在宅勤務ができて、空き時間でシフトが組める。
子供向け英会話教室	子供好きで楽しみながら教えたい人に向いている。
大手英会話スクール	難度が高い代わりに、時給も高い。

必要なスキルやコツは？

英語力に自信がある人なら英会話講師になることができます。講師マッチングサービスでお客さまを集めるなら、英語力が客観的にわかる「英会話講師を3年以上」「英語圏在住を5年以上」「海外勤務を1年以上」「米大卒」「日常的に英語を話している」などの実績をアピールしましょう。英会話スクールに所属する場合も「英検準1級以上」「TOEIC800点以上」のような証明が必要です。

ポイントアドバイス

○	個人で教えるなら時給2000円以上も狙える
○	1レッスンが短いため、時間の制約を受けない
○	自分の英語力維持に役立つ
✕	英語力のみでは稼ぎ続けることは難しい
✕	割安な海外講師と価格競争になることもある

個人で「ベビーシッターを英語でする」「ヨガを英語で教える」「料理教室を英語で行う」など、得意分野に英語をプラスして活躍する人たちも増えています。

教える副業

稼ぎやすさ	▢▢▢▢
働きやすさ	▢▢▢▢
難度の低さ	▢▢▢▢
人気の高さ	▢▢▢▢

74 オンライン家庭教師

▶ 高時給と短時間が魅力！ 小学生から社会人までに勉強を教える

直角三角形なら、2つの辺の長さがわかると、他の1辺の長さも計算できるよ。

理解されているか1つひとつ確認

直角三角形の辺の長さの求め方は……

えーと…

ビデオ会議ツール

生徒

　家庭教師は時給1500円〜3000円と報酬が高く、1回45分や60分程度のために短時間勤務で済みます。さらにオンライン家庭教師であれば、離れた場所からネット経由のビデオチャットで授業を行えるため、場所に左右されません。例えば「全国の生徒を教えられる」「同時に複数の生徒を指導できる」「スキマ時間に授業を行う」「連続で授業を入れられる」「21時以降の夜遅い時間もできる」というメリットがあります。案件はスキルシェアサービスやオンライン家庭教師サービスで見つかります。

報酬の目安	時給1500円〜5000円
月収の目安	月1万円〜10万円
労働時間の目安	45分〜
働く時間帯	朝・昼・夜・土日

📋 オンライン家庭教師をはじめるには？

① スキルシェアサービスに登録します

② 学べる内容やプロフィールを充実させます

③ 生徒がレッスンを購入したら、チャットで要望を伺います

④ 指定の日時にレッスンを行います

⑤ 生徒から評価されると、購入代金が受け取れます

　スキルシェアサービスでは、レッスン予約、決済システムだけでなく、トラブル時の対応もできており、メッセージもアプリ内で完結できてスムーズです。

必要なスキルやコツは？	ポイントアドバイス
授業の幅が広く、小学生なら図工や自由研究、プログラミング、ピアノ指導、自己肯定感アップもオンライン家庭教師の対象になります。大学生なら模擬面接や公務員試験対策も需要があります。ただ、オンライン家庭教師のデメリットは指導の難しさです。対面ほど細かいニュアンスが伝わりにくいため、特に「指導が伝わっているか」や「生徒が理解しているか」は随時把握するようにしましょう。	◯ 拘束時間が短く時給が高い ◯ 今あるスキルをそのまま収入に変えられる ◯ 在宅で授業ができるため、移動時間がいらない ✕ 家庭教師や指導の経験がないと、生徒は集まらない ✕ オンラインならではの教えにくさがある

　家庭教師の経験者のみでなく、自分の得意を生かすためにはじめる人も多いです。また、1人の生徒につきっきりよりも、無理のない範囲で複数の生徒を受け持つことが収入継続のポイントです。

教える副業

稼ぎやすさ	□□□□
働きやすさ	□□□□
難度の低さ	□□□□
人気の高さ	□□□□

75 | オンライン カウンセラー

▶ 相談に乗って不満や不安を解決するプロ！1時間あたりの報酬は高め

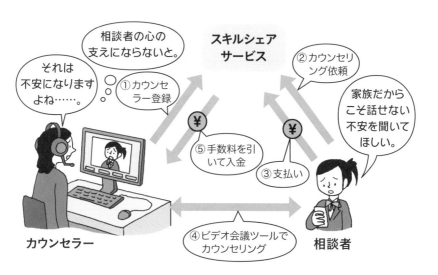

カウンセラーの仕事は、「問題解決ができるようにその人の行動を助ける」ことです。一般的には心理カウンセラー、結婚相談員、年金アドバイザーなどが該当しますが、副業ではもう少しライトなものが多数あります。例えば「話し相手になってほしい」や「愚痴を聴いてほしい」という需要があり、すでにスキルシェアサービスでは相談したい人と相談に乗る人のマッチング市場ができあがっています。特に家族や友人には話しにくいプライベートな相談に対して、心の支えになりましょう。

報酬の目安	時給換算1500円〜 5000円
月収の目安	月1万円〜 20万円
労働時間の目安	30分〜
働く時間帯	朝・昼・夜・土日

💼 オンラインカウンセラーの単価は？

　スキルシェアサービスに登録して、カウンセラーとしてプロフィールを公開することからはじまります。料金相場は1分50円〜150円です。準備や調整を含めると、時給換算で1500円〜5000円になります。

案件例	報酬
寂しいときの話し相手になる	1分100円
家庭問題や介護の愚痴を聴く	5分600円
彼女として電話で元気づける	10分1500円
恋愛相談を聴きながら占いをする	15分3000円
お金の不安を聞きながら資金計画を立てる	30分5000円

必要なスキルやコツは？

メインターゲットは「専門家に頼るほどでない悩み」を抱えている人たちです。話し相手と緩くつながりたいため、あなたが同じような経験をしていて寄り添えることができるなら、顧客価値を提供できます。ただ、顧客に選ばれるためには、あなたがどのような人物で、どのような体験をしてきたかをプロフィールに明記することが決め手です。その際は専門領域や保有資格もアピールしましょう。

ポイントアドバイス

○ アルバイトより高い報酬が受け取れる

○ オンライン相談のため、在宅で好きな時間にできる

○ 専門資格がなくても案件を請け負える

× 相談は1対1のために講師業より報酬が低め

× コンスタントに受注することが難しい

常に悩み事を相談する需要はあります。以前は親戚や友人、教師、占い師などでしたが、今は同じ経験をしてそれを乗り越えた人と、簡単につながることにスポットがあたっています。

教える副業

76 パーソナルスタイリスト

稼ぎやすさ ☐☐☐☐☐
働きやすさ ☐☐☐☐☐
難度の低さ ☐☐☐☐☐
人気の高さ ☐☐☐☐☐

▶ 自分らしく輝けるファッションを提案する！ センスと向き合う副業

この服は似合いますよ！ Instagram の写真でも映えると思いますよ！

　スタイリストとはタレントやモデルの服装、小物、髪型をコーディネートする職業です。ただ、副業では個人から依頼をもらうパーソナルスタイリストがメインです。事前に依頼主にヒアリングをして、一緒にブランドショップに行って買い物をします。ショッピング時間は平均2時間くらいです。顧客は20代〜40代の女性が多く、自分が広告塔となる経営者、仕事に自信をつけたい会社員、保護者会や卒園式で着る服を悩む専業主婦と、幅広い層から依頼があります。

報酬の目安	時給1000円〜1万円
月収の目安	月1万円〜20万円
労働時間の目安	2時間〜4時間
働く時間帯	昼・夜・土日

📋 パーソナルスタイリストをはじめるには？

① SNS、ブログやメルマガでファッション情報を発信します
② スキルシェアサービスも活用し、徐々に顧客をつかみます
③ 依頼が来たら、顧客にヒアリングシートを埋めてもらいます
④ 顧客に合う店やブランドを絞って、一緒に買い物をします
⑤ スタイリング完了後に報酬を受け取ります

　パーソナルスタイリストはオフィスも在庫も不要です。お客様とのやり取り、集客や発信をするためのスマホだけではじめることが可能です。

必要なスキルやコツは？	ポイントアドバイス	
独学や専門学校でセンスを磨いていることは前提条件です。さらに副業で大切なことは集客。例えば、SNSやブログで天気予報に合わせて「気温10度のときのコーデ」などと読者に刺さる情報発信をし続けて、信用力を向上させます。その上でSNS、スキルシェアサービス、知人の紹介で新規顧客を獲得します。季節が変わるたびに需要が生まれるため、リピーターになってもらうこともポイントです。	◯	実力が認められると時給5000円以上もある
	◯	ファッション好きならチャンスあり
	◯	初期投資や運用資金が不要である
	✕	集客が難しく、固定客ができるまで時間がかかる
	✕	顧客の要望を理解していないとクレームが入る

能力と集客の両軸で稼げるようになる副業の典型です。副業が軌道に乗るまでに時間はかかりますが、逆にそれが競合にとっての参入障壁になるため、固い報酬が得られます。

189

稼ぎやすさ ☐☐☐☐☐
働きやすさ ☐☐☐☐☐
難度の低さ ☐☐☐☐☐
人気の高さ ☐☐☐☐☐

77 ビジネスコンサルタント

▶ 本業で培った知見をフルに報酬に変える！ 高単価副業の代表格

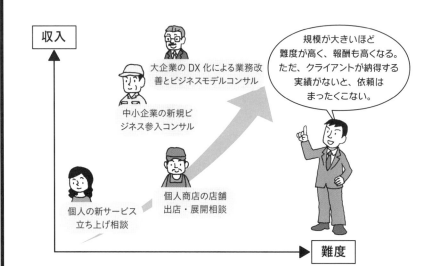

収入

大企業の DX 化による業務改善とビジネスモデルコンサル

中小企業の新規ビジネス参入コンサル

個人の新サービス立ち上げ相談

個人商店の店舗出店・展開相談

規模が大きいほど難度が高く、報酬も高くなる。ただ、クライアントが納得する実績がないと、依頼はまったくこない。

難度

　ビジネスコンサルタントとは事業戦略や業務課題に対して、解決方法を提供する人たちです。DX化ならDXコンサル、経営強化なら経営コンサル、顧客獲得なら営業コンサルのように呼び名は異なるものの、いずれもその道のプロフェッショナルです。高い実績が必要なため、報酬は1時間3000円〜1万円と高く、月1回のリピーターがいるだけで上々の副収入が受け取れます。さらにその先には1時間10万円のトッププレイヤーにのし上がる可能性もあり、最も報酬が期待できる副業です。

報酬の目安	時給換算3000円〜 10万円
月収の目安	月1万円〜 20万円
労働時間の目安	1時間〜 8時間
働く時間帯	昼・夜

📋 ビジネスコンサルタントの単価は？

　クラウドソーシングサービスやコンサルタント仲介サービスに登録し、プロフィールを公開することからはじまります。プロフィールにはこれまで本業で培った実績を強くアピールしましょう。具体的な案件は以下のようなものがあります。

案件例	労働時間	報酬
Instagramを使ったマーケティング手法	1時間	1万円
オンラインセミナー開催サポート	8時間	3万円
金銭的余裕がある50代〜60代女性向けの新規店舗開発	2時間	5万円
人事部に新規開拓する営業アプローチ	1時間	5000円
シェアオフィス事業のビジネスモデルのヒアリング	1時間	2万円

必要なスキルやコツは？

コンサルタントは国家資格がなくてもできる職種で、自称コンサルタントが散見されます。その中からクライアントに選ばれるには、高い実績だけでなく、プロフィールを尖らせて、ターゲット特化型で攻めるしかありません。単なる経営コンサルよりも、「30代〜40代女性向け美容サロンの出店コンサル」のほうが刺さります。また、事業計画書や申請書作成も請け負って差別化を図りましょう。

ポイントアドバイス

○ 報酬は副業の中でもトップクラス

○ 調査時間が必要ながら短時間で済む

○ 本業の知見を存分に生かせる

✕ 数値が上がらないと契約が切られる

✕ 本業の勤め先企業との利益相反に気をつける

他の副業と同じように、toCよりtoBのほうが報酬は一気に上がります。ただ、toBだから特別難しいわけではありません。あなたの知見に市場価値があるか、一度試してみましょう。

教える副業

稼ぎやすさ	☐☐☐☐☐
働きやすさ	☐☐☐☐☐
難度の低さ	☐☐☐☐☐
人気の高さ	☐☐☐☐☐

78 キャリアコンサルタント

▶ 職業の選び方を学生や転職希望者にアドバイスする

キャリアコンサルタントとは、仕事の選び方をメインに、能力開発や生活設計までもアドバイスする仕事で、国家資格です。相談者は大学生や会社員であり、自分の適性に気づいてもらい、自分に合った仕事を主体的に選べるように導きます。副業では、大学のキャリアセンターや人材紹介サービスにて、自己分析やエントリーシートの作成サポートを時給1500円前後で請けます。一方、現在はスキルシェアサービスにて、オンラインで案件を受注するスタイルが主流であり、効率的です。

報酬の目安	時給1500円〜 5000円
月収の目安	月1万円〜 10万円
労働時間の目安	1時間〜
働く時間帯	昼・夜・土日

📋 キャリアコンサルティングをはじめるには？

① スキルシェアサービスに登録し、プロフィールを充実させます
② キャリアコンサルティングサービスとして出品します
③ 購入者から依頼が来ると、仲介サービスが購入代金を預かります
④ ビデオチャットで購入者にアドバイスをします
⑤ 購入者から評価されると、代金を受け取れます

　大学生向けは1時間2000円〜3000円、社会人向けは1時間3000円〜5000円が最も多く出品されている価格帯です。

必要なスキルやコツは？	ポイントアドバイス	
キャリアコンサルタントは国家資格かつ名称独占資格です。そのため、キャリアコンサルタントを名乗るには学科試験と実技試験に合格して、名簿登録する必要があります。逆に資格がない人にはできない仕事であり、それだけ時給が高くなることはメリットです。また、副業ではエントリーシートや職務経歴書の添削、志望動機や退職理由の設定、面接のロールプレイングなど、幅広く活躍できます。	◯	時給換算で単価が高く、一定の需要がある
	◯	在宅のみで仕事が完結する
	◯	フリーランスとして独立する人もいる
	✕	国家資格を取得しなければならない
	✕	キャリアコンサルタントの増加で競争が発生している

本業で人事部に勤めている人だけではなく、20代や役職者など、多くの人に支持されている資格であり、職種です。退職前に資格を取って、定年後にフリーのキャリアコンサルタントになった人もいます。

教える副業

稼ぎやすさ
働きやすさ
難度の低さ
人気の高さ

79 インストラクター

▶ 自分の得意なことを人に教える副業！ オリジナルレッスンを開こう

生徒を集めて
レッスン

動画にして
配信！

ゆっくり深呼吸
しながら〜。

インスト
ラクター

アップロード

動画を
視聴する
生徒

支払い ¥

　副業ではスイミング、テニス、スキーといったスポーツ系のインストラクターが人気です。ヨガ講師を副業にしている人の例では、ヨガインストラクターの資格を取得して、毎週日曜、自宅近くのレンタルスペースに10人ほどの生徒を集めてレッスンを行っています。1回2500円で月収5万円になります。ベビーヨガの資格も取って、ママ向けの英語ヨガも追加すると月収8万円に増加。さらにオンライン動画講座もスタートしたところ、副業のみで月収20万円を超えるようになった人もいます。

報酬の目安	1レッスン1500円〜 3000円
月収の目安	月1万円〜 20万円
労働時間の目安	1時間〜
働く時間帯	昼・土日

📋 インストラクターをはじめるには？

- ① スキルシェアサービスに会員登録します
- ② プロフィールやレッスン内容を設定します
- ③ レッスンの申し込みが来たら、確認メールを送ります
- ④ レッスン当日に指導をします
- ⑤ レッスン後に報酬が入金されます

　フィットネス施設やスクールでのアルバイトは、時給1000円〜1500円です。一方、オリジナルレッスンを開講すると「1人1500円〜3000円×人数分」が受け取れるため、会社員の副業としてはオリジナルレッスン講座がおすすめです。

必要なスキルやコツは？	ポイントアドバイス
どのビジネスでも集客が稼ぐコツです。最初はレッスンを開きたい人と、レッスンを受けたい人をつなぐスキルシェアサービスで、新規顧客へリーチしましょう。同時にInstagramにレッスンの楽しさが伝わる写真や、ユーザーに役立つコンテンツを投稿してフォロワーが増えると、それが集客につながります。さらに無料レッスンやボランティアも生徒を呼び込むきっかけになります。	◯ 1人1500円〜3000円は受け取れる ◯ グループレッスンで1回1万円以上になる ◯ 自分が楽しいことを仕事にできる ✕ レッスン内容の策定など、開講までに時間がかかる ✕ レッスンを開講しても、生徒が集まらないこともある

単なるヨガではなく、英語ベビーヨガとすることで、付加価値とターゲット限定で差別化ができています。さらに動画講座への横展開で収入の底上げをするなど、副業でビジネスチャンスが広がります。

教える副業

稼ぎやすさ	☐☐☐☐☐
働きやすさ	☐☐☐☐☐
難度の低さ	☐☐☐☐☐
人気の高さ	☐☐☐☐☐

80 オンライン占い師

▶ 1回500円からスマホで手相・霊視・タロットなどでアドバイスする

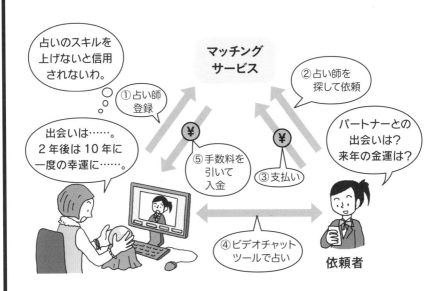

　テレビや雑誌でも必ず占いのコーナーがあるように、占いの需要は減ることがありません。ただ、占い師1本で食べていける人は限られており、趣味の領域にとどめている人もいます。しかし、今は占ってほしい人と占い師をマッチングするサービスができたことで、会社員が副業として占い師デビューできるようになりました。相談内容としては恋愛と結婚が1番人気、次に妊娠、育児、仕事などで、1分100円〜300円で電話やビデオチャットで占います。

報酬の目安	1回500円〜5000円
月収の目安	月1000円〜10万円
労働時間の目安	10分〜
働く時間帯	昼・夜・土日

📋 オンライン占い師をはじめるには？

1. 独学や通信講座などで占いのスキルを高めます
2. 占い師マッチングサービスやスキルシェアサービスに登録をします
3. プロフィールを充実させて、依頼を待ちます
4. 依頼が来たら、電話やビデオチャットで占いを行います
5. 購入者から評価されると、購入代金が受け取れます

　占い師になるために特別な資格はいりませんが、「占いそのものの知識」「心理学と統計学の組み合わせ」「コミュニケーション能力」の3つは必要なスキルです。また、占い師の報酬は「知名度、種類、スタイル、料金設定、時間」で異なります。

必要なスキルやコツは？	ポイントアドバイス	
初年度に売上100万円を達成し、その後は年々倍になった副業占い師の人も、最初は無料で占って場数を増やしました。次に1分50円や1回500円で実績を重ねてから、徐々に単価を上げています。また、相談者の人格や業界の特性を的確に認識できるよう、心理カウンセラー、ファイナンシャルプランナー、中小企業診断士などの資格を取得する占い師もいて、カウンセラーとしての役割も担っています。	◯	趣味と実益を兼ねた働き方が実現できる
	◯	初期費用がほとんどかからず、占いの道具のみ
	◯	秘匿性が高く、周囲にばれにくい
	✕	競合が強く、料金設定や回答スタイルに工夫が必要である
	✕	外注化や仕組み化などの事業拡大は難しい

　占いは霊感や予知能力の有無ではなく、座学と経験で稼げる仕事です。また、国内のスピリチュアルビジネスの市場規模は1兆円超とされており、不況時も売上が期待できます。

稼ぎやすさ ☐☐☐☐
働きやすさ ☐☐☐☐
難度の低さ ☐☐☐☐
人気の高さ ☐☐☐☐

81 オンラインサロン運営

▶ クローズドなコミュニティで有料会員に情報提供をする副業

オンラインサロン主催者

オンラインサロンとはウェブ上にある会員制のコミュニティです。主催者はタレントや著名人だけではなく、その業界に精通する一般人も活躍しています。サロンの種類はオーナーが講義するレッスン型、有名人と交流できるファンクラブ型、新規事業を一緒に進めるプロジェクト型に分類でき、副業ではレッスン型が軸です。ただ、レッスン型でも主催者のみが情報配信するのではなく、同じ関心や思考を持った参加者には仲間意識があり、双方向で知見を高めていけることが特徴です。

報酬の目安	会員1人月額500円〜1万円
月収の目安	月1万円〜100万円
労働時間の目安	1時間〜
働く時間帯	朝・昼・夜・土日

オンラインサロン運営をはじめるには？

1. 自分の知見を生かせる得意なテーマを決めます
2. サロンで提供するコンテンツをリストアップします
3. SNSでフォロワーを増やすなど、見込み客を集めます
4. プラットフォームやチャットツールを使ってサロンを立ち上げます
5. 会員が入会すると、月額費が入金されます

　オンラインサロンの構築は、大手のプラットフォームを利用したり、Facebook やLINEのコミュニティ機能を使うとスムーズです。ただ、利用には運営コスト がかかります。おすすめは自分でDiscordなどのチャットツールを使ってオンラインサロンを立ち上げる方法で、自由度が高くコストも抑えられます。

必要なスキルやコツは？	ポイントアドバイス
よくある失敗例は、教えられる内容を一生懸命作って、オンラインサロンを開いても、会員が集まらずに過疎化するケースです。オンラインサロンのみをビジネスにしている人はいません。すでに何かしらの分野で活躍をしていて、TwitterやInstagramでフォロワーも集まっている状態になって、はじめてオンラインサロンに着手します。まずはSNSで情報発信して、ファンを増やすことからはじめましょう。	○ 会員数が10人でも月数万円の収入が可能になる ○ 軌道に乗ると月数十万円に達する ○ 会員からも情報をインプットできる ✕ 集客が相当難しい ✕ 常に濃い情報をアウトプットし続ける必要がある

オンラインサロン運営はレベルが高い副業です。あなたが何かしらのプロフェッショナルであり、それをコンテンツに落とし込むことができ、ファンが集まる熱量があることが成功条件です。

情報発信する副業

82

ブロガー（アフィリエイト）

稼ぎやすさ ☐☐☐☐
働きやすさ ☐☐☐☐
難度の低さ ☐☐☐☐
人気の高さ ☐☐☐☐

▶ 自分の得意や知識があるテーマだから楽しく続く！ 濃い情報発信が稼ぐコツ

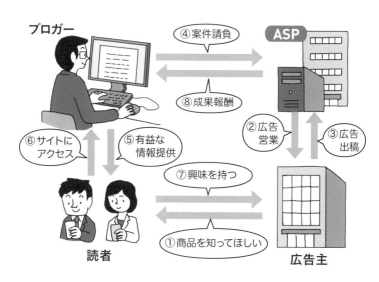

　ブログの収益は、記事に貼った広告を読者がクリックしたときにクリック単価の報酬が得られたり、広告経由で商品を購入したときに紹介料が入るアフィリエイトがあります。広告をクリックした単価の目安としては、1クリック0.2円から1円です。アフィリエイトの紹介料は商品単価によって100円〜数万円と幅広いです。ブロガーがキャンプ、育児、スマホ、節約など、自分が好きなジャンルを深堀りし、誰にも負けない濃い情報を提供して多くの読者を惹きつけられると、自然と収入が発生していきます。

報酬の目安	1クリック0.2円〜
月収の目安	月1000円〜 100万円
労働時間の目安	3か月〜
働く時間帯	朝・昼・夜・土日

📋 ブロガーをはじめるには？

① 得意なことや知識があることをブログのテーマにします
② ブログサービスを選んで、ブログを立ち上げます
③ 100記事以上を目安に記事を投稿し続けます
④ 3か月から6か月かけて、PVが徐々に増えます
⑤ アフィリエイトサービス（ASP）に登録します
⑥ 広告を貼ることで、売上が発生します

　商用利用を禁止するブログサービスも多いため、会員登録前に広告が貼れるか利用規約を確認しましょう。もしくは自分でドメインを取得し、レンタルサーバーを借りて、WordPressをインストールすれば、自由に広告を貼ることができます。

必要なスキルやコツは？	ポイントアドバイス	
ブロガーがすることは明確であり、高品質な記事を量産するのみです。書籍や雑誌と同じように「疑問が解決した」「おもしろかった」「気づきがあった」という読者が満足できるクオリティが求められます。初心者がそのクオリティに達するには、著名人を除くプロブロガーのブログを参考にするのが一番です。実際に商品を購入して、写真入りで徹底解説するなど、読者の役に立つコンテンツが特徴です。	◯	毎日1時間の作業で月数十万円を稼ぐ人もいる
	◯	一度完成した記事は、その後は自動的に稼いでくれる
	◯	自分の興味や関心を副業にできる
	✕	記事のクオリティが低いと、ほとんど稼げない
	✕	Googleの検索アルゴリズムの変更で売上が急変する

場所と時間に制約がなく、好きなテーマで稼げるため、自分で稼ぐ力をつけるには、うってつけの副業です。YouTubeやTwitterなどのSNSでも拡散することで、実践的なウェブマーケティングも学べます。

情報発信する副業

稼ぎやすさ	☐☐☐☐☐
働きやすさ	☐☐☐☐☐
難度の低さ	☐☐☐☐☐
人気の高さ	☐☐☐☐☐

83 インフルエンサー

▶ 1フォロワー 0.5円 ～ 3円！ 情報発信で注目を集める副業

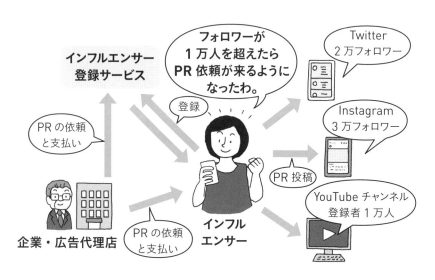

　インフルエンサーとは、特定の分野で影響力の大きい情報発信ができる人のことです。具体的にはYouTube、Instagram、Twitterなどで、フォロワーや登録者数が数千人～数百万人いるアカウントを指します。例えば、ある40代男性はポイ活や株式投資のノウハウをスライドにまとめては、年間50回以上Instagramに投稿することで、1万フォロワーを達成しました。ここまでくれば、企業からPR案件の投稿依頼が来たり、商品やサービスを紹介することで、広告費を受け取れるようになります。

報酬の目安	1フォロワーあたり0.5円～ 3円
月収の目安	月1000円～ 100万円
労働時間の目安	6か月～
働く時間帯	朝・昼・夜・土日

インフルエンサーの単価は？

　インフルエンサーで副収入を得る方法は「PR案件」「アフィリエイト広告」「商品販売」「コンテンツ販売」「投げ銭」「メディア寄稿」の6つです。案件の報酬の目安としては次のようになります。

案件	報酬
PR案件を投稿する	1フォロワーあたり1円〜3円×フォロワー数
アフィリエイト広告を掲載する	購入価格×料率1％〜10％×販売数
商品を販売する	(販売価格−手数料5％〜10％)×販売数
コンテンツを販売する	(販売価格−手数料20％〜25％)×販売数
投げ銭を受け取る	視聴者数×投げ銭率×投げ銭100円〜5万円
メディアに寄稿する	1文字あたり5円〜10円×文字数

必要なスキルやコツは？	ポイントアドバイス	
SNS初心者は市場調査がおすすめです。同ジャンルのインフルエンサーを10人リストアップして、その人たちに共通しているコンテンツ、プロフィール、コメントの特徴をつかみましょう。その競合を上回るには「既存コンテンツより質を上げる」「プラスアルファの情報を発信する」「個性を磨いてキャラを作り上げる」をします。その上で最低週1回、もしくは毎日投稿することがフォロワーを増やすコツです。	◯	学生でも月数十万円稼ぐ人が出ている
	◯	市場が急成長していて、ビジネスチャンスがある
	◯	在宅で好きな時間に作業できる
	✕	ライバルが増えすぎて稼ぎにくい
	✕	アンチの総攻撃に対処しなければならない

個人の発信力強化にはSNSが有効です。ブログの内容をInstagramやTwitterにも投稿して、YouTubeで動画を公開し、LINEでつながるなど、横展開のコンテンツ作りを目指しましょう。

情報発信する副業

84 インスタグラマー

稼ぎやすさ	☐☐☐☐☐
働きやすさ	☐☐☐☐☐
難度の低さ	☐☐☐☐☐
人気の高さ	☐☐☐☐☐

▶ フォロワーが増えると影響力を持つ！商品を自然に売り込む副業

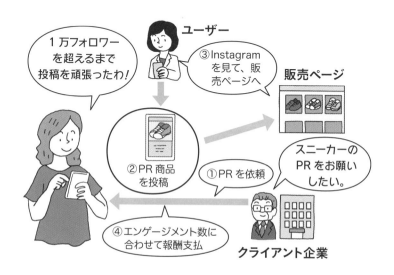

ユーザー

1万フォロワーを超えるまで投稿を頑張ったわ！

③Instagram を見て、販売ページへ

販売ページ

②PR商品を投稿

①PRを依頼

スニーカーのPRをお願いしたい。

④エンゲージメント数に合わせて報酬支払

クライアント企業

　フォロワーが1万人以上のInstagramのアカウントは存在価値が高いです。ジャンルによっては数千人程度のフォロワー数でも、高いエンゲージメント（※1）が確保できるなら影響力は抜群です。一番の収入源は企業からのオファーであり、商品やサービスについてPRすることで、対価として報酬が得られます。次にインスタ物販も副収入の1つです。リンク付きの画像を投稿して、ユーザーがそれをタップすると、商品販売ページに直接遷移できます。そこで商品が購入されると売上になる仕組みです。

報酬の目安	1フォロワー 0.5円～ 3円
月収の目安	月1000円～ 100万円
労働時間の目安	6か月～
働く時間帯	朝・昼・夜・土日

※1：投稿に反応するユーザーの割合。

インスタグラマーをはじめるには？

① 1ジャンルに特化して、Instagramに画像や動画をアップし続けます
② 今は映える写真よりお役立ち情報や読みもの系が狙いめです
③ フォロワーが一定数を超えると、企業からオファーが来るようになります
④ 企業と取り決めたPR案件の写真や文言を投稿します
⑤ フォロワー数やエンゲージメント数に応じた報酬を得ます

　企業のPR案件の実例としては、ファッションやコスメが目立ちますが、女性のみではなく、男性向けやビジネス用途の商品でも需要があります。

必要なスキルやコツは？	ポイントアドバイス	
最初に必ずターゲットを明確にして、競合を調査します。これでどのような投稿がフォロワーに刺さって、どう差別化するかが見えてきます。投稿内容はキラキラした自己満足型の写真ではなく、役に立つ他者満足型の情報です。他者とはフォロワーとクライアントであり、他者の疑問や不満を解決するような投稿を意識します。また、30秒以内に編集された動画や、プレゼン資料のような写真も有効です。	◯	フォロワーが増えるほど報酬も上がっていく
	◯	今後も市場が伸びていき、参入の余地がある
	◯	ジャンルによっては自宅で作業が完結する
	✕	フォロワーが集まらないと時間を無駄にしてしまう
	✕	常に投稿し続けないと、すぐにピークアウトする

Instagramはビジュアルで感情を動かすだけでなく、論理的に訴求できるマーケティングツールにできます。特定ジャンルで最初に思い浮かべる第一想起のアカウントになると、そこからビジネスチャンスが広がります。

情報発信する副業

稼ぎやすさ ☐☐☐☐☐
働きやすさ ☐☐☐☐☐
難度の低さ ☐☐☐☐☐
人気の高さ ☐☐☐☐☐

85 ハウツー系 ユーチューバー

▶ 動画市場は右肩上がりの成長! 自分の得意分野を動画で配信する

YouTube上に動画を投稿して、視聴者がその動画の中に表示された広告を視聴、またはクリックすることで、報酬が受け取れます。動画のテーマはハウツー系とエンタメ系があり、会社員には自分の得意分野を解説するハウツー系がおすすめです。例えば、「7色の炎を作る」だけならエンタメ系ですが、その炎を作る薬品、手順、原理を解説すれば、それは小学生の自由研究に使えるハウツー系に変わります。「ビジネス」「料理」「育児」「メイク」「DIY」「スポーツ」などを動画で解説してみましょう。

報酬の目安	1再生0.05円〜 0.3円
月収の目安	月0円〜 100万円
労働時間の目安	1日〜
働く時間帯	朝・昼・夜・土日

ハウツー系ユーチューバーをはじめるには？

① Google（YouTube）アカウントを作成します
② YouTubeチャンネルを作成して、動画をアップロードします
③ 広告掲載の基準をクリアしたら審査を受けます
④ 審査通過後、投稿動画に広告が表示されます
⑤ 広告が視聴やクリックされると、報酬が受け取れます

　広告掲載の審査を受けるには「チャンネルの登録者が1000人以上」などの条件を達成している必要があるため、まずは魅力的な動画を多くアップして、登録者数や再生回数を増やしましょう。

必要なスキルやコツは？	ポイントアドバイス	
ユーチューバーの副業でもマーケティングは必要であり、動画制作の前には市場調査が欠かせません。自分が制作してみたい動画に対して「競争の激しいジャンルではないか」「既存の動画はどのような内容か」「類似動画が投稿されているか」は必ず下調べして、制作する動画の構成を練りましょう。さらに動画撮影スキルはもちろん、タイトルとタグのキーワード設定、サムネイルの最適化も必要です。	◯	動画を作るほど広告収入の発生源が増える
	◯	一度収入が発生すると、定期的な収入になりやすい
	◯	在宅で好きな時間に作業ができる
	✕	競合が急増しており、動画のクオリティも上がっている
	✕	撮影機材や編集ツールが必要になる

動画は文字よりも目を引き、情報量が多く、正確であり、記憶に残りやすい性質があります。そこで本業の職種やスキルに関する動画をアップして、個人のブランディングに利用する人もいます。

情報発信する副業

86 エンタメ系ユーチューバー

稼ぎやすさ ☐☐☐☐☐
働きやすさ ☐☐☐☐☐
難度の低さ ☐☐☐☐☐
人気の高さ ☐☐☐☐☐

▶ 再生回数を稼ぐならエンタメ系が鉄板！ アイデア1つで逆転できる

視聴者が「面白い」「すごい」「かわいい」と感じる映像をアップしよう。

ゲーム実況

スポーツ

音楽

赤ちゃん

食べる

ペット

　再生回数が多い動画のトップ10はほとんどがエンタメ系です。エンタメ系には「チャレンジ」「衝撃映像」「キッズ」「ペット」「遊び」「ゲーム」「マンガ」「音楽」「スポーツ」「食べる」「アウトドア」などがあり、特に「やってみた」という何かに挑戦する映像は、無名でもアイデア1つで再生回数が急増するチャンスが潜んでいます。ネタの考え方としては「自分の得意なこと」「キッズとアウトドアのような組み合わせ」「競合が少ない」の3つが揃うと、稼げる可能性が高まります。

報酬の目安	1再生0.05円〜 0.3円
月収の目安	月0円〜 100万円
労働時間の目安	1日〜
働く時間帯	朝・昼・夜・土日

エンタメ系ユーチューバーの単価は？

　キッズ向け動画は単価が0.05円〜0.1円と低く、社会人向け動画は単価が上がります。ただ、再生回数のほうが収入を左右するため、単価のみで動画のテーマを変える必要はありません。星の数ほどの動画タイトルの中で再生回数を稼ぐのは一握りですが、成功すると以下のような収入金額が想定できます。

タイトル例	再生回数	想定収入
サケからイクラを取り出す	2000万回	200万円
子供が自分でメイクをする	400万回	40万円
4人プレイの人気ゲームを実況する	100万回	10万円
有名アーティストのカバー曲を歌う	300万回	30万円
コンビニのおにぎりを食べ比べる	50万回	5万円

必要なスキルやコツは？

YouTubeを主戦場にする有名人や芸能人でさえ、1万回も再生されないことがあります。逆にネタさえ完璧であれば、素人でも再生回数は伸びる世界です。撮影はスマホでも問題ありません。それより編集に時間をかけて、テンポが良くて情報量が密な動画に仕上げましょう。また、投稿頻度を保つために複数人で1つのチャンネルを回したり、TwitterでバズらせてYouTubeの再生回数を増やす人もいます。

ポイントアドバイス

○ 1つの動画で数十万円が手に入ることがある

○ チャンネルが人気になると、継続的な収入となる

○ スマホ1台で撮影と編集が完結する

✕ ネタが弱いといくら作っても売上にならない

✕ 芸能人の相次ぐ参入で素人が再生回数を伸ばすのが難しい

ユーチューバーは動画市場の成長率以上に競合の参入が増えており、まともに戦っていては勝てません。ジャンルの見極めと個性的なコンテンツで差別化を狙うことからはじめましょう。

情報発信する副業

稼ぎやすさ	■■□□□
働きやすさ	■■■□□
難度の低さ	■□□□□
人気の高さ	■■□□□

87 Vチューバー

▶ 誰でも美少女に変身！ ユーチューバーとは一線を画す稼ぎ方

　Vチューバー（バーチャルユーチューバー）とは自分の表情や動作に合わせて動くアニメキャラで、動画配信をする副業です。ユーチューバーは5分～10分の動画配信で広告収入を得ますが、Vチューバーは数時間のライブ配信をして、視聴者から100円や500円の投げ銭を受け取ることで稼ぎます。Vチューバーは本人の性別や年齢に関係なく、顔と声を変えて好きなキャラになれるため、周囲に身バレすることなく、炎上も怖くありません。個性的なキャラでヒットすると、グッズ販売やコラボ商品が新たな収入源になります。

報酬の目安	1回100円～5万円
月収の目安	月0円～100万円
労働時間の目安	30分～
働く時間帯	朝・昼・夜・土日

📋 Vチューバーをはじめるには？

① どのようなアニメキャラで続けるか、コンセプトを設計します
② 動画配信用のアニメキャラを作成します
③ 自分とキャラの動きを連動させます
④ YouTubeなどの動画配信サービスに登録してチャンネルを作成します
⑤ 条件がクリアできたら審査を受けて投げ銭を受け取れるようにします
⑥ ライブ配信を行い、視聴者から投げ銭が送られると、後日入金されます

　簡単にVチューバーをはじめるなら、顔認証機能付きのスマホ端末にVチューバー制作アプリをインストールします。あとは目や髪、服をカスタマイズして、視聴者が好むアバターにしたら、そのままアプリ上から動画配信できます。

必要なスキルやコツは？	ポイントアドバイス
本格的なVチューバーを目指すなら、魅力的なキャラが必要です。3Dモデリングソフトで作成したり、クラウドソーシングサービスで数十万円を支払い、外部委託する人もいます。次にキャラの表情と全身を細かく動かすには、10万円以上するモーションキャプチャーツールで全身トラッキングをします。ただ、これだけの投資は難しいため、最初は見た目はそこそこにして、個性と更新頻度で勝負しましょう。	○ トップクラスは年収1億円を超える ○ スマホ端末のみでも気軽にはじめられる ○ 体を張ったりせず、雑談のみでも視聴してくれる ✕ 配信頻度が多く、拘束時間も長くなる ✕ 食べるや試すなどの体験型コンテンツは難しい

Vチューバーをはじめるには、以前は機材などの準備に高額な費用がかかりましたが、今はアプリ1つで無料でスタートできます。しかし、それだけライバルが急増しており、視聴者を惹きつけるアイデアが求められています。

211

情報発信する副業

稼ぎやすさ	☐☐☐☐☐
働きやすさ	☐☐☐☐☐
難度の低さ	☐☐☐☐☐
人気の高さ	☐☐☐☐☐

88 ライブ配信（ライバー）

▶ 生中継して投げ銭を受け取る！ 10代や20代の利用者が急増中

ライブ配信とはリアルタイムで動画を配信する行為です。配信者は一般人、もしくはタレントの卵や業界有名人がライブ配信サービスに登録しライバーとなり、「ファッション」「メイク」「音楽」「ゲーム」「パフォーマンス」「料理」「バラエティ」「雑談」など、それぞれのジャンルで自分を生中継します。それを見た視聴者がコメントを送ると、配信者はコメントを返したり、要望に応えます。その結果、視聴者は応援や支援という感覚で、100円〜5万円の投げ銭（課金アイテム）を送ってくれます。これがライブ配信が副業として成り立つ仕組みです。

報酬の目安	1回100円〜5万円
月収の目安	月0円〜100万円
労働時間の目安	30分〜
働く時間帯	朝・昼・夜・土日

📋 ライブ配信をはじめるには？

1. ライブ配信サービスのアプリをインストールします
2. アカウントを作って、プロフィールを登録します
3. 定期的にライブ配信をします
4. ファンを増やして、投げ銭をもらいます
5. 投げ銭の換金手続きをすることで、後日入金されます

　ライブ配信は路上ライブをするミュージシャンが小銭を稼ぐ行為に近いながら、人気のライバーになると、1時間のライブ配信で数千円、さらに1回のライブ配信で10万円を超えた人もいます。ただし、稼げるのは審査を通った公式ライバーが多く、そのためには事務所に所属する人もいます。

必要なスキルやコツは？	ポイントアドバイス	
視聴者は単方向のファンではなく、ライブ配信者との双方向のコミュニケーションを求めています。視聴者の訪問時に名前を呼んだり、投げ銭に感謝を示すなど、とにかくリアクションをすることで、相手を惹きつけます。さらに毎日同じ時間に配信したり、SNSで配信時間を告知することは基本です。リアルなオフ会やトーク会と同様に、ネタやイベントも仕込んで、ライブを活性化させることが稼ぐコツです。	◯	軌道に乗ると1時間あたり数千円は稼げる
	◯	在宅で自分の得意分野を発信できる
	◯	自己肯定感が高まる
	✕	視聴者が集まらないと収入にならない
	✕	トーク力やコミュニケーション力がないとできない

　黎明期のYouTubeでは年間数千万円を稼ぐ人が続出しました。それと同じく成長分野であるライブ配信に参入した場合、仮に商才に長けていなくても、まだ競合が少ないことから稼げる可能性があります。

情報発信する副業

稼ぎやすさ	☐☐☐☐	
働きやすさ	☐☐☐☐	
難度の低さ	☐☐☐☐	
人気の高さ	☐☐☐☐	

89 | メルマガ配信

▶ 定期購読の読者はお客さま！ 攻めの情報発信で副収入を得る

メルマガ配信は定期購読の雑誌と同じように、週1回や月1回コンテンツを読者に送る副業です。メルマガで稼ぐ手段は「有料メルマガを発行する」「無料メルマガでオリジナル商品を販売する」「無料メルマガに広告を載せる」の3通り。例えば、月額500円の有料メルマガを100人が購読してくれると、売上は5万円になります。メルマガのテーマは「ビジネス」「資産運用」「政治経済」「語学」「資格」と会社員向けが人気でありながら、「ダイエット」「恋愛」「自分磨き」「メンタル」「占い」なども需要があります。

報酬の目安	1部100円〜
月収の目安	月0円〜 20万円
労働時間の目安	1日〜
働く時間帯	朝・昼・夜・土日

214

📋 メルマガ配信をはじめるには？

1. メルマガスタンドに会員登録します
2. 新規メルマガの発行申請をします
3. サンプル号を登録して、審査を受けます
4. 発行が承認されると、自由にメルマガが発行できます
5. 有料メルマガでは口座情報を登録すると、後日入金されます

　　メルマガの配信はメルマガスタンドを利用します。有料課金メルマガの場合は審査があり、大手では売上の40％から50％の手数料を取られます。無料の配信サービスもありますが、その場合は課金システムを独自に用意する必要があります。

必要なスキルやコツは？	ポイントアドバイス	
読者がメルマガで知りたい情報を認識しましょう。ウェブ上には無償のコンテンツが溢れかえっています。読者は、それら不特定多数の中から取捨選択していくより、信頼できる個人から核心的な情報を知りたいと思っています。そのため、メルマガ配信で成功するには、まずは自分のブログやSNS経由でそのような読者を集めて、リアルタイムで役立つコンテンツを量産することが王道です。	◯	月数万円の定期収入が得られる可能性がある
	◯	読者はファンとなり、商品を買ってくれる
	◯	ブログやSNSと並行した集客手段となる
	✕	そもそも読者を増やすことが難しい
	✕	定期的にコンテンツを配信できる情報量が必要である

　　類似した副業には、会員制コンテンツや有料ボイスがあります。通常は、ブログやSNSで情報発信を続けて、シークレットな情報のみを有料化する流れが一般的です。

情報発信する副業

稼ぎやすさ	☐☐☐☐
働きやすさ	☐☐☐☐
難度の低さ	☐☐☐☐
人気の高さ	☐☐☐☐

90 情報コンテンツ販売

▶ 元手0円の副業！ ノウハウをデジタル化して100円以上で売る

・職務経歴書の書き方
・車や建築の見積書
・対人恐怖症の克服方法
　etc.

②購入

情報販売
サービス

①登録

③支払い

④手数料を
引いて入金

購入者

　情報コンテンツ販売とは、自分が持つ知識や経験を文章、静止画、音声、動画などにデジタル化し、ウェブ上で売る副業です。例えば「結婚式の費用を明細書付きで公開」や「大企業に勤めていたときの給与明細」を売る人から、「10社に内定をもらった職務経歴書の書き方」など、アイデア次第で誰でもはじめられます。価格帯は1冊100円～5万円です。また、制作した情報は情報販売サービスに登録することで、出品、在庫管理、決済、データ提供、入金を一括管理できます。

報酬の目安	1冊100円～5万円
月収の目安	月1000円～100万円
労働時間の目安	1週間～
働く時間帯	朝・昼・夜・土日

情報コンテンツ販売をはじめるには？

1. 情報コンテンツのアイデアを企画し、商品を制作します
2. 情報販売サービスに登録して審査を受けます
3. 商品を登録して販売ページを作り込みます
4. 自分のブログやTwitterでも集客をします
5. 商品が購入されると、翌月に銀行口座に入金されます

　情報コンテンツ販売をはじめるときは、あなたの得意分野における市場を徹底的に調査しましょう。関連図書を2、3冊は購入して、ユーザーのニーズを把握、目次や構成を参考にします。それらに自分の経験を加えながら編集すると、あなたのオリジナルコンテンツの完成です。

必要なスキルやコツは？	ポイントアドバイス	
情報コンテンツ販売の価値とは「人の悩みを解決すること」です。そういう意味でもジャンルは「金融」「ビジネス」「健康」「コンプレックス」「恋愛」に需要があります。また、情報コンテンツ販売の実作業は、コンテンツ制作と集客に分かれます。なぜならコンテンツが素晴らしくても、集客しないと売れないからです。そのため、TwitterやInstagramでフォロワーを増やすことも、セットで取り組んでいきます。	○	元手や制作コストをかけずに商品を販売できる
	○	一度作ると定期的に売れ続けることもある
	○	自分の得意や経験を販売できることは楽しい
	✕	集客が難しく、なかなか売れないことが多い
	✕	内容がずさんで、訴えられた事例もある

情報コンテンツ販売のように自分の知識をアウトプットする副業は、シニアになってもできます。今のうちから本業とは別に、活躍できるフィールドを持つことは、リスク分散にもなるでしょう。

ものを売る副業

稼ぎやすさ	☐☐☐☐
働きやすさ	☐☐☐☐
難度の低さ	☐☐☐☐
人気の高さ	☐☐☐☐

91 フリマアプリ系不用品販売

▶ 自宅や実家にあるものを売る！ せどりやネットショップ運営の第一歩

家の不要品がお金に換わる！

フリマアプリ

出品

コレ、欲しい！

購入・支払い

　断捨離するならメルカリなどのフリマアプリに出品してみましょう。もう使わないコスメや子供服、カメラ、ぬいぐるみ、さらに実家の物置にある釣り竿や引き出物など、売れるものは山ほどあります。シミのついた服や日焼けした漫画も買い手がつきますし、壊れたプリンターやゲーム機は修理業者が、牛乳パックや松ぼっくりは小学生の親が買ってくれることがあります。1シーズン使わなかったものを基準にリストアップして、ものを現金に換える習慣を身につけましょう。

報酬の目安	1個300円〜
月収の目安	月1000円〜3万円
労働時間の目安	1日〜
働く時間帯	朝・昼・夜・土日

フリマアプリ系不用品販売をはじめるには？

① メルカリにアカウントを作ります
② 売っているものと購入価格を把握します
③ 自宅や実家に眠っている不用品を集めます
④ 商品写真を撮影して、出品します
⑤ 売れないときは説明文などを工夫して、再度出品します
⑥ 購入されたら発送して、売上が振り込まれます

　自分にとって不要品でも、誰かが求めているものは多数あります。アプリ内で出品／購入されているものと、その価格を把握しておくようにしましょう。

必要なスキルやコツは？	ポイントアドバイス	
不用品を売り切るには時期の見極めが重要です。服もオンシーズンだからこそ売れていきます。子供服は保育園入園時の3月や4月、冬服なら気温が下がったときに高値で販売できるわけです。ピアスやネックレスは12月25日に大量出品されるため、この時期をはずして、6月や12月の賞与の時期に狙いを定めます。自分が出品したい時期ではなく、顧客が購入したい時期を想定して、不用品販売に取り組みましょう。	○	最も簡単に副収入が得られる職種である
	○	不用品だからこそリスクがない
	○	市場調査や転売の練習になる
	✕	不用品がないとできない
	✕	写真や文章を工夫しないとなかなか売れない

　不用品販売の目的は断捨離ではなく資金確保。さらにせどりやネットショップ運営の練習として捉えると、その学びからさらなる高みを目指せます。

ものを売る副業

稼ぎやすさ	▮▮▮☐☐
働きやすさ	▮▮▮☐☐
難度の低さ	▮▮▮▮☐
人気の高さ	▮▮▮▮☐

92 ネットオークション系不用品販売

▶ ヴィンテージやマニア向け商品向き！ 実家でお宝を掘り起こす人も

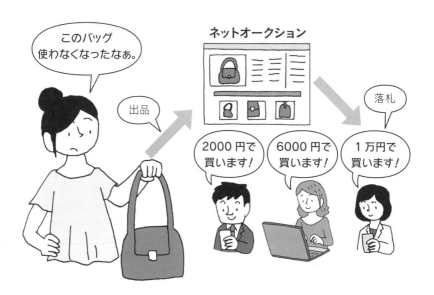

　ネットオークションは買い手が価格を決めるため、予想外に稼ぐチャンスが潜んでいます。ある商品を1000円で出品した場合、フリマアプリではそのまま1000円で売れますが、ネットオークションなら3倍の3000円になることもあります。フリマアプリより出品から落札まで時間はかかりますが、高く売れることは魅力です。実家に眠っていたバービー人形が3体で12万円、イタリアの美術洋書が2万円、骨董品の急須が1万円で売れた実例もあります。

報酬の目安	1個500円〜
月収の目安	月1000円〜 100万円
労働時間の目安	1週間〜
働く時間帯	朝・昼・夜・土日

ネットオークション系不用品販売をはじめるには？

① ヤフオク!などで出品者情報を登録します

② 出品する商品を用意します

③ 商品写真、説明文、販売価格などを設定して、出品します

④ 終了日に1番高値をつけた人に落札されます

⑤ 商品が入札されたら梱包して、迅速に発送します

⑥ 入金は自動的に手数料を引いて、銀行に振り込まれます

　フリマアプリに比べると「出品後に商品情報は修正できない」や「送料は購入者負担が多い」などの違いがある点に注意です。

必要なスキルやコツは？	ポイントアドバイス	
大量生産で簡単に買える商品、出品者が多いデジタル製品やブランド品は、希少性に乏しくて稼げません。特に新品は卸売業者が強く難しいです。ネットオークションで、相場感がわかりにくい中古品を狙います。アンティーク品、バイクやカメラの部品、非売品のアニメグッズなどは値段が跳ね上がります。これらを中古品販売店や骨董品店で安く手に入れられるなら副収入が継続します。	◯	プレミアがつくと1つの品で数万円の利益になる
	◯	フリマアプリで売れないものが売れる
	◯	お宝探しの感覚で在庫を仕入れることができる
	✕	売上予測が難しく、不良在庫もありえる
	✕	高値になる商品が見つからない限り利益が発生しない

実家の断捨離からはじめてみて、次に仕入れた商品で利益が出せるようにステップアップしましょう。商品によって、Amazon、メルカリ、ヤフオク!と販路を使い分けることが大切です。

🛒 ものを売る副業

稼ぎやすさ	☐☐☐☐☐
働きやすさ	☐☐☐☐☐
難度の低さ	☐☐☐☐☐
人気の高さ	☐☐☐☐☐

93 せどり

▶ 副業の王道！ 割安商品を仕入れて高値で転売する

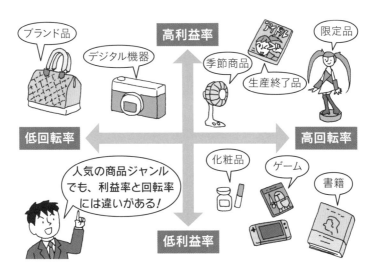

せどりは「安く買って高く売る」というシンプルな仕組みで、20年以上も支持されている副業です。現在は中古店や量販店で安く商品を仕入れ、Amazon、メルカリ、ヤフオク！で販売する手法が一般的になっています。会社員が休日にフル稼働すると、月10万円〜20万円の収益も珍しくなく、月100万円超えで独立する人もいます。せどりで仕入れる商品としては古本が有名ですが、入手しにくいゲーム、玩具、家電、化粧品を新品で仕入れたり、限定品や生産終了品を狙うなど、さまざまなノウハウが存在します。

報酬の目安	1個300円〜
月収の目安	月1000円〜 100万円
労働時間の目安	1日〜
働く時間帯	朝・昼・夜・土日

222

せどりをはじめるには？

1. Amazonなどで販売するためのアカウントを作ります
2. 審査を受けて販売ができる状態にします
3. 店舗で割安かつ売れる商品を仕入れます
4. Amazonなどに在庫を登録します
5. 売れたら商品を発送します
6. 手数料と送料を引いた金額が振り込まれます

　せどりではなるべく多くの店舗を縄張りにして、セール日や値引き商品の傾向を把握します。さらに店員や配送業者と親しくなると、値引きが利いたりもします。

必要なスキルやコツは？	ポイントアドバイス	
商品の仕入れでアプリを使います。スマホで商品のバーコードを読み取って、Amazonの販売価格や売れ筋ランキングを見られるため、目利きは必要ありません。例えば、Amazonより1000円安く販売して、売れ筋ランキングが1万位以内の商品であれば、1週間以内に売れるため、不良在庫にはならないです。あとは経験を積むことで、売れる商品を網羅できるようになり、スピーディーに仕入れが完了します。	○	時間をかければかけるだけ稼げる
	○	年齢、職歴に関係なく、特別なスキルも必要ない
	○	地域の店舗で仕入れる商品でも可能
	×	最初に在庫確保のための現金がいる
	×	転売に対する世間の評価はかなり低い

「安く仕入れて高く売る」ことは商売の基本であり、在庫、コスト、リソースの徹底管理が成功の秘訣です。ただし、意外とシビアな世界であり、稼ぐためには何度も挑戦する泥臭さも必要です。

稼ぎやすさ				
働きやすさ				
難度の低さ				
人気の高さ				

94 電脳せどり

▶ パソコンやスマホで完結！ 店舗で仕入れない在宅せどり

一般的なせどりは、実店舗で商品を安く買い、ネットで高く売りますが、電脳せどりは買うのも、売るのも、すべてネット上で完結する手法です。通常のせどりのデメリットである店舗で仕入れる負担がなくなり、忙しくて店舗に行けない人や子育て中の女性でもはじめられます。仕入れは主にAmazon、楽天、メルカリ、ヤフオク!で競合も多いですが、高利益率の商品が見つかると、大量に仕入れたりリピートできる強みがあります。また、販路は高値で売れて発送が自動化できるAmazonのFBAがおすすめです。

報酬の目安	1個300円～
月収の目安	月1000円～ 100万円
労働時間の目安	1週間～
働く時間帯	朝・昼・夜・土日

電脳せどりをはじめるには？

① Amazonの販売用アカウントを作り、FBAを契約します
② ネットショップで利益が出る商品をリサーチします
③ 利益が出る商品を仕入れて、Amazonの倉庫に預けます
④ 商品が売れるとAmazonが自動的に発送してくれます
⑤ 後日、手数料と送料を引いた金額が振り込まれます

　Amazonにはフルフィルメント by Amazon (FBA) というシステムがあり、Amazonの倉庫で商品の保管と発送を代行してくれます。さまざまな手数料はかかりますが、商品をAmazonの倉庫に送ることで、在庫の置き場所もいらず、発送も含めて、購入者とのやり取りを任せられるメリットがあります。

必要なスキルやコツは？	ポイントアドバイス	
電脳せどりは稼げる商品を知ることが重要です。商品のリサーチはもちろん、流行や話題の商品のチェックは欠かせません。このようなスキルは独学ではなく、電脳せどりの有料コミュニティで情報交換したり、有料コンサルやスクールに入ると、スピーディーにノウハウを習得できます。ただし、詐欺まがいのコンサルも横行しているため、事前に講師の評判を調べてから利用しましょう。	○	やり方次第で月数十万円の利益を得られる
	○	パソコン1つで仕入れと販売が完結する
	○	時間のない人や体力のない人でもできる
	✕	在庫を抱えたり値崩れで損するリスクがある
	✕	リサーチや出品規制のノウハウが必要である

　せどりは転売のイメージが根強いですが、価格差を見つけて利ざやを得る行為は、どこの世界でもやっているビジネスです。ただし、価格差がある商品を見つけ続ける必要があるため、特に市場調査が得意な人におすすめです。

ものを売る副業

稼ぎやすさ	▢▢▢▢▢
働きやすさ	▢▢▢▢▢
難度の低さ	▢▢▢▢▢
人気の高さ	▢▢▢▢▢

95 メルカリせどり

▶ 商品が24時間以内に売れるスピードが魅力！1商品あたり300円以上の利益も

仕入れた商品をメルカリで販売するせどりです。その魅力は、圧倒的な使い勝手のよさと売れやすさにあります。商品登録は5分以内に完了、すぐに販売開始されて、24時間以内に売れることがほとんどです。購入者とのやり取りもスマホアプリで完結するため、通勤中や休憩中のスキマ時間に副業できます。また、メルカリアプリのダウンロード数は1億以上であり、ほとんどが個人対個人の売買です。ユーザーは価格にシビアではなく、中古商品に過剰な品質を求めません。人気商品や希少品であれば、1商品で300円以上の利益は狙えます。

報酬の目安	1個300円〜
月収の目安	月1000円〜 100万円
労働時間の目安	1週間〜
働く時間帯	朝・昼・夜・土日

📋 メルカリせどりをはじめるには？

① メルカリアプリをインストールしてアカウントを登録します

② 商品の写真を撮ってアップロードします

③ 商品名、説明、販売価格などを設定し、出品します

④ 購入されたら期日までに発送します

⑤ 購入者が受け取ったら手数料を引いた金額が振り込まれます

　メルカリでは出品者の個人情報は隠せますし、出品者と購入者ともに個人情報を開示しないこともできます。決済代行もしてくれるため、副業でも安心です。

必要なスキルやコツは？	ポイントアドバイス
メルカリでは購入者は最初に写真で商品を選びます。そのため、写真は明るく、商品がきれいに見える角度や背景がポイントです。傷や汚れがあれば、たとえ外箱でも正直に記載して、余計なトラブルを回避しましょう。また、メルカリではかさばる商品は送料がかかって儲からないため、小型商品の売買が基本です。おすすめは服、小型家電、ゲーム、玩具、化粧品、美容グッズです。	○ 強気の価格設定でも衝動的に買ってくれる ○ スマホですべての事務処理が完結する ○ メルカリの使いやすさが副業の効率性を上げる ✕ クレーマーに近い購入者とのやり取りが発生することがある ✕ 規約違反によるアカウント停止に注意する

メルカリで売るのではなく、メルカリで買って
Amazonで売るせどりも人気です。メルカリは素人
が出品しているため、価格設定が甘く、仕入れに使
うこともできます。

メルカリせどり

ものを売る副業

稼ぎやすさ	☐☐☐☐☐
働きやすさ	☐☐☐☐☐
難度の低さ	☐☐☐☐☐
人気の高さ	☐☐☐☐☐

96 ポイントせどり

▶ 現金同様に使える！大量のポイント獲得で利益を得るせどり

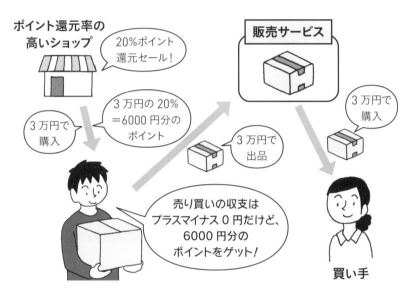

せどりの手法の1つであり、ポイント還元率が高いサイトやキャンペーンを狙って商品を仕入れ、大量のポイントを獲得します。仮に3万円で商品を仕入れて、3万円で商品を売却しても、ポイント分が加算されるため、得するわけです。

せどりで獲得したポイントは電子マネーに交換して、普段の買い物に利用したり、次の仕入れに再投資することで、現金と同じように使えます。せどりの中では一番簡単なやり方であり、初心者向きとされています。

報酬の目安	1個1000ポイント〜
月収の目安	月1万円〜10万円
労働時間の目安	1週間〜
働く時間帯	朝・昼・夜・土日

228

🛍 ポイントせどりの手順は？

- ① 楽天市場やYahoo!ショッピングのポイント還元率を上げます
- ② その状態で月数回あるポイントアップやセールの日を狙います
- ③ ポイント還元率20％程度の商品を買います
- ④ それを仕入れ価格と同じくらいの価格で販売します
- ⑤ 送料と手数料を除くと利益はほぼありませんが、ポイントは残ります

　せどりは「安く仕入れて高く売る」という価格差のみで利益を狙いますが、ポイントせどりでは主にポイント分で利益を狙います。そのため、安く転売しても利益が出やすく、在庫を抱えるリスクも少ないです。還元率の高さでは楽天ポイントプログラムが有名ですが、PayPayモールなどの他のショッピングサイトでも同様のポイント還元があり、ポイントせどりに活用されています。

必要なスキルやコツは？	ポイントアドバイス	
ポイント還元の仕組みを理解すると、月数万円を稼ぐことも難しくありません。ただ、ポイント還元率が高くて、転売しやすい商品をリストアップするまでには、1か月～2か月はかかります。その間に在庫確保に現金を使いますし、それらが転売できてもポイントが付与されるまでに時間がかかるため、キャッシュフローを含めた資金管理が肝要です。	○	比較的簡単で初心者も1商品1000円以上の利益が出せる
	○	利益商品が見つかりやすいために仕入れがスムーズ
	○	他のせどりにステップアップする経験が積める
	✕	最初の在庫を確保するために初月から数万円は必要
	✕	ポイントの付与条件や期限切れに注意する

ポイント還元はルール変更やキャンペーンが多々あるため、常に情報収集が必要です。ただ、時間や体力に余裕のない人でもはじめやすく、何よりポイントせどりで得た情報は普段の生活に応用できて、かなり節約に貢献してくれます。

稼ぎやすさ □□□□□
働きやすさ □□□□□
難度の低さ □□□□□
人気の高さ □□□□□

97 | 輸入ビジネス

▶ 海外業者から仕入れて国内で売る！ 利益が出る商品選びがポイント

海外のネットショップやオークション

買い付けて在庫に

販売プラットフォーム

FBA

注文を受けたら発送

日本でまだ売っていない商品や、価格が安い国から大量仕入れをして、FBAを使って販売。

購入

買い手

　輸入業は個人では難しいように感じますが、仕組みはせどりと同じで、仕入れ先が海外に変わっただけです。海外の販売サイトやオークションで商品を安く買って、国内のAmazonやフリマアプリで販売し、価格差で利益を出します。Google翻訳によるたどたどしい文章でも、販売サイトの仕組みが日本と似ている場合、交渉や契約、手続きはそれなりにスムーズに完結できます。最もポピュラーな国は、人気の商品が多数ある米国と、まとめ買いで単価がかなり安くなる中国です。

報酬の目安	1個1000円〜3万円
月収の目安	月1000円〜100万円
労働時間の目安	2週間〜
働く時間帯	朝・昼・夜・土日

輸入ビジネスをはじめるには？

① Amazonや楽天市場などで商品の国内価格を確認します
② eBayやアリババなどで同じ商品の海外価格を確認します
③ 国内と海外で価格差があるものに絞り、仕入れます
④ 仕入れた商品はAmazonのFBAに送り、販売します
⑤ 商品が売れると、後日手数料と送料を引いた金額が振り込まれます

　また、仕入れる商品の注文や発送は、輸入の代行業者を使う手もあります。手数料はかかりますが、発送と検品が任せられるので安心できます。

必要なスキルやコツは？	ポイントアドバイス
輸入ビジネスは商品選定が肝心です。国内ですでに売れている商品よりも、今後売れそうな商品を仕入れます。例えば「海外ドラマの出演者の愛用品」「海外セレブ御用達」「日本未上陸ブランド」など、市場を徹底的にリサーチしていきます。また、商品は「小さい」「軽い」「壊れない」ことも重要です。特にあまり競合がおらず、誰も思いつかない商品を見つけると、輸入ビジネスでは継続して稼げるようになります。	◯ 利ざやが大きく高収入が狙える ◯ 一度売れ筋の商品が見つかると、継続的に稼ぎやすい ◯ 情報が出回っている割には、参入者が少ない ✕ 正規代理店や関税を気にかける必要がある ✕ 商品の破損や不具合など、トラブルは多め

海外製品の輸入業者や卸売業者は、現地価格の2倍から3倍などで転売しています。そのため、個人で同じように輸入して、1.5倍程度の価格で転売しても商品は売れていきます。

ものを売る副業

稼ぎやすさ	☐☐☐☐☐
働きやすさ	☐☐☐☐☐
難度の低さ	☐☐☐☐☐
人気の高さ	☐☐☐☐☐

98 ネットショップ運営

▶ 利益は自分次第！ 市場調査から集客までの販売プロセスを学べる

せどりで物販の手応えをつかんだあとに、ネットショップ運営にシフトする人もいます。商品は自分が好きなジャンルに絞り、在庫は個人利用できる卸業者やネット卸、海外オンラインショップで仕入れます。もしくは自作のハンドメイド品や中国のOEM商品（※1）を売ることで利益を得ることもできます。ただ、このようなオリジナル商品の販売ではアイデアやマーケティング力が特に必要で、既製品よりかなり難度が高い一方、価格競争による値崩れのリスクが少ないという旨味があります。

報酬の目安	1個500円〜
月収の目安	月1000円〜100万円
労働時間の目安	2週間〜
働く時間帯	朝・昼・夜・土日

※1：中国の製造メーカーにオリジナルブランドの生産を委託した商品。

ネットショップ運営をはじめるには？

　出店先は「Amazonなどの大手ショッピングモールへ出店する」か「BASEなどのECサイト構築サービスを利用する」です。ECサイト構築サービスは販売画面から管理画面までテンプレートが用意されているため、簡単にできます。いずれにしても、メリットとデメリットがあり、難度は高めの副業です。

出店先	メリット	デメリット
大手ショッピングモール	・サイト構築がいらない ・見込み客が集まっている ・運営サポートが強い	・審査で落ちることがある ・出店規約が厳しい ・手数料が高めである
ECサイト構築サービス	・サイト構築は自由度が高い ・出店規約がゆるい ・手数料が低めである	・サイト構築に工夫がいる ・集客が難しい ・運営サポートが弱い

必要なスキルやコツは？

最初は大手ショッピングモールに出店して感触をつかみます。審査後の出店は無料であり、商品が売れたときに手数料が発生する仕組みです。入出金や顧客管理もシステム化されており、少ない手間でネットショップを運営できます。また、オリジナル商品を売るときはフリマアプリやハンドメイド販売サービスで一定のファンを獲得し、SNSで集客力を強めてから、ECサイト構築に移ると成功率が高いです。

ポイントアドバイス

○ 時間単位ではなく成果が副収入になる

○ 好きな商品を働きながら販売できる

○ オリジナル商品は競合が少なく化ける可能性がある

✕ 価格競争に巻き込まれるリスクある

✕ 個人情報開示の必要性がある

市場調査、商品設計、集客、販促、アフターサービスといった流れを一通りマスターできる副業です。それだけ手間と責任がかかることは覚悟しましょう。売上目標から逆算して数値と戦うスキルが研鑽されるでしょう。

ネットショップ運営

稼ぎやすさ	□□□□□
働きやすさ	□□□□□
難度の低さ	□□□□□
人気の高さ	□□□□□

99 個人バイヤー

▶ 海外商品を買い付けて差額をもらう副業！ 在宅のみで完結

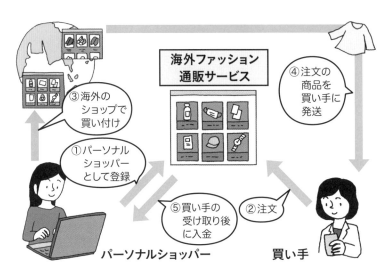

個人バイヤーとは、海外旅行や海外出張の際に、現地で割安な商品を買い付けて国内に卸す仕事です。ただ、現在は海外のオンラインショップで商品を買って、メルカリやヤフオク!に転売するほうが一般的になりました。

さらに副業に限定すると、あえて在庫を仕入れない海外買い物代行が人気です。海外買い物代行では、BUYMAなどの海外ファッション通販サービスに、パーソナルショッパーとして商品の販売ページをアップして、お客さまから注文が入ったら仕入れて発送します。

報酬の目安	1個1000円〜
月収の目安	月1000円〜 100万円
必要期間の目安	1週間〜
働く時間帯	朝・昼・夜・土日

個人バイヤー（海外買い物代行）をはじめるには？

① 人気がある海外商品をリサーチします
② 海外のオンラインショップで販売の有無を確認します
③ その商品を国内の海外通販サービスに出品します
④ お客さまから注文が入ったら、海外のオンラインショップから取り寄せます
⑤ お客さまの元へ発送したら、指定日に入金されます

　国内のオンラインショップでは、通常、在庫を持たない無在庫販売は認められません。しかし、海外買い物代行は、お客さまの代わりに海外商品を購入する行為として、BUYMAなど一部の海外通販サービスでは認められています。

必要なスキルやコツは？	ポイントアドバイス	
初心者は商品選定で靴や帽子、マフラーといった小物を選びましょう。送料があまりかからず、服よりサイズ展開が単純なので扱いやすいです。通常、海外商品は国内販売価格の50％〜75％程度で売られています。さらに、セール中やクーポンで仕入れられたら、1回の注文で5000円の利益も難しくありません。ちなみに海外買い物代行のやり取りはGoogle翻訳で十分であり、商品売買は慣れていきます。	○	1回あたりの利益が数千円に達する
	○	海外買い物代行なら在庫リスクがない
	○	在宅ですべての作業が完結する
	✕	流行をウォッチして、売れ筋を探す必要がある
	✕	注文を受けても商品が仕入れられないことがある

国内では完売していても、海外なら在庫が豊富にある商品は多々あります。そして、お客さまは海外のオンラインショップで買うことに抵抗があるため、そこにビジネスチャンスが存在します。

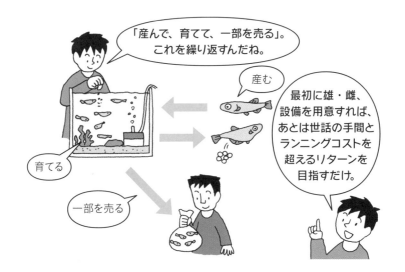

ものを売る副業

稼ぎやすさ ☐☐☐☐☐
働きやすさ ☐☐☐☐☐
難度の低さ ☐☐☐☐☐
人気の高さ ☐☐☐☐☐

100 植物・昆虫・小魚の繁殖ビジネス

▶ 大の大人が夢中になれる在宅副業！育てて、殖やして、一部を売るビジネス

「産んで、育てて、一部を売る」。これを繰り返すんだね。

産む

最初に雄・雌、設備を用意すれば、あとは世話の手間とランニングコストを超えるリターンを目指すだけ。

育てる

一部を売る

　ネットオークションやフリマアプリでは、高級メダカのペアが数千円で販売されていたりします。メダカ以外にも、熱帯植物、多肉植物、シダ類、スズムシなどの昆虫、ミジンコ、ザリガニなど、多数の動植物が対象です。ただし、動植物の種類によっては、許可なく飼育や販売できないので注意が必要です（※1）。この繁殖ビジネスの最大のメリットは、在庫を仕入れないことです。初回に雄・雌、設備のコストはかかりますが、あとは「生む」「育てる」「一部を売る」を繰り返すことで、繁殖を続けるランニングコストをはるかに上回るリターンが得られます。

報酬の目安	1匹（1つ）500円〜
月収の目安	月1万円〜100万円
労働時間の目安	1か月〜6か月
働く時間帯	朝・昼・夜・土日

※1：動植物は適法な種類でも、出品を認めていない販売サービスがあるので注意。

🧰 植物・昆虫・小魚の繁殖ビジネスをはじめるには？

- 植物、昆虫、魚類、両生類の中から選びます
- 商品需要、実勢価格、競合他社を分析します
- 繁殖コストと売上予測から利益率を算出します
- 初回のみ設備投資と雄雌の買い付けをします
- 数か月かけて「産む」と「育てる」を繰り返し、ネットオークションやフリマサービスで販売します

　昆虫や魚類も水分や酸素を入れた梱包方法があり、普通に発送できます。お客さまに商品が届くと、2週間以内に代金が振り込まれます。また、本格的にやりはじめると、希少種を扱ったり、品種改良で利益率も上昇します。

必要なスキルやコツは？	ポイントアドバイス	
初心者はカメなどを選びがちですが、枯れにくい植物、寒さに強い昆虫、群泳できる魚類のほうが、生存率が高くて育てやすいです。哺乳類や爬虫類は繁殖サイクルが長いこともあり避けましょう。低コストで、なるべく多く増える繁殖率の高さが利益に直結します。さらに、市場価格や売れ筋の調査は、商品の回転率を上げるために必須です。	◯	繁殖が軌道に乗ると、仕入れコストがかからない
	◯	生き物が好きな人にはうってつけ
	✕	初期費用と維持費用がかかる
	✕	餌やりや清掃などの世話が必要
	✕	一時休止が難しく、資格や許可も必要である

　繁殖ビジネスでは需要と供給を分析し、コスト管理などのビジネスの基本が学べます。初心者は熱帯植物か多肉植物がはじめやすくおすすめです。植物のみで月20万円稼ぐ会社員もいます。

あとがき

　副業中の人に取材をしてみると、みなさん輝いていました。その声の一部を紹介します。

- 30代　女性：「副業で自由度の高い人生を送れるようになりました」
- 33歳　男性：「本業は好きなことを、副業で収入を確保しています」
- 31歳　女性：「複数の収入の柱を強固にし、資産1億円を目指します」
- 40代　女性：「余裕のある暮らしを継続できるよう頑張っています」
- 30代　女性：「会社を辞めるとき、もし副業をしていなかったら、いきなり無収入になっていました。たとえ月5万円でも、収入があるのとないのとではまったく違います。副業をはじめていて本当によかったです」

　多くの人にとって副業は収入補填、つまりお金が目的です。ただ、会社に依存せず、自らの意志で稼ぐことによって自信がついて、日々の生活全体が充実しているようでした。

- 34歳　女性：「いろんな場所で多くの人に喜んでもらえて嬉しいです」
- 34歳　男性：「本業と副業がいい影響を及ぼし合っています」
- 47歳　男性：「素の自分の価値がどのくらいか知ることができました」
- 20代　女性：「深い信頼関係を築けるのがこの副業の醍醐味です」
- 27歳　女性：「今の副業を通して、いろんな人と深く関わる機会を得て、私の人生が彩り豊かになっているのは間違いないでしょう。友人や知人とつながることとはまた違います。本来ならつながることのない人と副業でつながり、その人の人生に関われることは刺激的であり、私にとって生きる糧にもなっています」

　今は副業の目的が多様化して、特に喜びややりがいを求めるようになっています。同じ会社に長い間勤務していることで、閉塞感を覚えている人もいますが、そういう人こそ副業で新しい出会いを求めることをおすすめします。

- 28歳　男性：「自分のやりたい仕事に副業でどんどんトライしています」
- 38歳　男性：「まさに天職。やりがいを感じる毎日を送っています」
- 30代　女性：「アイデアが次々に出てきて、時間が足りないです」
- 30代　男性：「大げさですが、海外展開を本気で狙っています」
- 32歳　男性：「この副業は軌道に乗せれば半自動化できるビジネスであり、事業規模もまだまだ大きくしていけそうです。現状は月商200万円ほどですが、それを月商1000万円くらいまで伸ばしたいと思っています」

　副業でやりたいことに挑戦する人は多く、本業は辞めたくないが起業したい、本業では無理だった人脈を作りたいといったケースもあります。本業と副業で貪欲に自分の理想を実現しているわけです。

　筆者は今、この本を書き終えるところですが、明日からも本業の会社に行きますし、スキマ時間に副業の仕事を楽しんでいます。
　そもそも副業は総所得が増えるため、本業の年収や評価に対する不平不満が解消されやすく、労働意欲も満たされます。経験値は倍増し、従来にはなかったスピードでスキルを獲得できるでしょう。外部からの刺激によって世界観が広がり、新しいアイデアも創出されやすくなります。
　ただ、副業選びは本業と同じく仕事選びの1つです。長期的な視点でスタートしましょう。第2の収入源である副業は、柔軟な働き方であり、あなたのやりたいことを実現させる手段になるはずです。
　最後に、全面的にご尽力いただいた担当編集者の福井荘介さん、この本を企画していただいた前編集者の杉田求さん、イラストを描いてくださった堀江篤史さん、また取材を受けてくださった方々、ならびにご協力してくださったすべての方々に深く御礼申し上げます。

中野貴利人

著者紹介

中野貴利人（なかの・きりと）

株式会社ネットピコ 代表取締役・副業プランナー
1981年生まれ、千葉県流山市在住。大学卒業後、新卒から10種類以上の副業を経験。
現在も都内に勤務する会社員であり、本業の職種はコンテンツマーケター。
そのかたわら副業で運営する副業情報サイト「フクポン」は月間40万PVを超える。
朝日新聞やテレビ東京など、100本以上のメディアにも出演。
副業をテーマにしたセミナーや寄稿も続けている。著書5冊。
• Twitte IDr：@kiriton
• 副業情報サイト「フクポン」：https://fukupon.jp/

本書のご意見、ご感想はこちらからお寄せください。
https://isbn2.sbcr.jp/09177/

●装丁デザイン　　　　米倉英弘（細山田デザイン事務所）
●イラスト　　　　　　堀江篤史
●制作・本文デザイン　クニメディア株式会社

自由にはたらく　副業アイデア事典

2021年 8月 1日　初版第1刷発行

著　者	中野貴利人
発行者	小川 淳
発行所	3Bクリエイティブ株式会社
	〒106-0032 東京都港区六本木 2-4-5
	https://www.sbcr.jp/
印刷・製本	株式会社シナノ

落丁本、乱丁本は小社営業部（03-5549-1201）にてお取り替えいたします。
Printed in Japan　ISBN978-4-8156-0917-7